DAU LAIS

Detholiad o waith
Gwilym Ceri Jones

Cyflwynir y gyfrol i wyrion a gorwyrion Gwilym Ceri,

sef

Hannah Ceri a Gwilym Ceri

a

Zachary Ceri, Leah Ceri ac Etienne Ceri

er cof annwyl am Anti Hannah

ac i

Morwenna

merch yng nghyfraith y bardd

Cyhoeddiadau
barddas

Hawlfraint © Hywel Ceri Jones, 2023
Golygwyd gan Mererid Hopwood

ISBN 978-1-91158-481-0

Cyhoeddwyd gan Gyhoeddiadau Barddas.
www.barddas.cymru

Dylunio a theiposod gan Tanwen Haf
Darllenwyd y proflenni gan Elin Meek
Llun y clawr: 'Storm yn Llangrannog' gan Morwenna Ceri Jones

Argraffwyd gan Wasg Gomer

Dau Lais

Detholiad o waith
Gwilym Ceri Jones

Golygwyd gan Mererid Hopwood

CYNNWYS

Rhagair

Efallai mai 'Dau Lais', y gerdd a welir ar dudalen 90 y gyfrol, yw'r allwedd i lawn werthfawrogi'r casgliad diddorol hwn o farddoniaeth Gwilym Ceri. Mae yma delynegion swynol am fyd natur a chymdeithas gysurus maboed. Fodd bynnag, roedd y Gwilym Ceri anniddig am anturio, gan godi'i olygon at 'wybrennau dieithr' a thraethu 'llafar pell li'. Mae hynny i'w ganfod yn ei ddelweddu beiddgar a'i iaith ymestynnol. Ond yn fwy arwyddocaol, mae'n cael ei fynegi yn ei themâu.

Roedd y bardd-bregethwr hwn yn perthyn i genhedlaeth niferus o weinidogion, cenhedlaeth blodeuo toreithiog olaf y weinidogaeth anghydffurfiol Gymraeg a chenhedlaeth a oedd wedi'i radicaleiddio yn sgil erchyllterau anynad y Rhyfel Mawr a chyni economaidd. Yn y cerddi gwelwn ymgais y genhedlaeth hon i ymdopi â'r tensiwn rhwng delfrydiaeth wleidyddol (e.e. 'Geneva', t. 83) a dadrithiad chwerw (e.e. 'Y Prodagandist', t. 65). Mae yma ymdriniaeth gignoeth ag anrhaith y gyfalafiaeth echdynnol yr oedd ei heffeithiau mor llethol ar Gymru'r cyfnod, ac ymdrech lew y werin bobl i ymdopi ac ymddiwyllio (e.e. 'Clefyd', t. 106). Mae'r gwladgarwch Cymreig yr un mor angerddol â'r cydwladoldeb. Ac mae'r ymdrech i gadw'r ffydd i'w chlywed ochr yn ochr â'r amheuon a'r pryder am dwf seciwlariaeth a dirywiad Cristnogaeth.

Mae'r cerddi yma'n teilyngu eu hastudio yn eu hawl eu hunain, wrth gwrs. Ond tybed hefyd na sbardunan nhw ryw hanesydd i archwilio ac i werthfawrogi cyfraniad meddylgar, gwasanaethgar, pellgyrhaeddol y gweinidogion anghydffurfiol y rhoddodd Gwilym Ceri lais i'w hymdrech, eu dyheadau a'u hing?

Cynog Dafis
Llandre

Nodyn Bywgraffiadol

Ganed Gwilym Ceri yn Newgat, Rhydlewis, ym 1893 i William ac Ellen Jones, yn un o bump o blant – tri mab (Joe, Ianto a Gwilym) a dwy ferch (Rachel a Hannah). Dyma deulu bach talentog mewn cartref cariadlawn ac mewn pentref llawn bywiogrwydd Cymreig lle roedd capeli Tŵr-gwyn a Hawen yn ganolog i ddiwylliant cyfoethog yr holl gymdogaeth.

Parhaodd 'Nhad i garu Rhydlewis a Cheredigion gydol ei fywyd, a byddem fel teulu yn mynd i lawr yn gyson i aros yn Bronant, cartref braf Anti Hannah a oedd mewn cwm hyfryd ar lan afon Collen. Arferem gerdded y lôn brydferth oedd yn arwain drwy'r caeau i Dŵr-gwyn, a'm cof i o'r lonydd hyn yw 'Nhad yn cario pensil yn ei law yn barod i ddal yr awen a tharo llinell neu ddwy wrth fynd.

Fe'i haddysgwyd yn ysgol Glangerddinen yn y pentref. Oddi yno aeth i Ysgol y Sir yn Llandysul. Roedd wedi dechrau datblygu'n actor addawol ac yn adroddwr talentog mewn eisteddfodau lleol, ond dyma'r adeg y daeth yr afiechyd arno gyntaf a'i gadawodd yn dioddef o gorff gwan weddill ei fywyd. Arweiniodd hefyd, gwaetha'r modd, at grac yn ei lais, ac er iddo ymdrechu'n wrol i oresgyn yr aflwydd, arhosodd y gwendid gydag ef weddill ei fywyd.

Ar ôl gadael Ysgol Ramadeg Llandysul, aeth ymlaen i astudio Groeg yn llwyddiannus mewn dosbarth preifat yng Nghastellnewydd Emlyn. Symudodd wedyn i'r coleg diwinyddol yn Aberystwyth ac astudio yno am bedair blynedd. Fe'i hordeiniwyd ym 1922 gan roi dechrau ar ei yrfa yn y weinidogaeth. Bu'n gweithio fel gweinidog mewn pump o gapeli Eglwys Bresbyteraidd Cymru. Roedd ei dad, William, fel cynifer o gefn gwlad Cymru wrth ymateb i'r caledi economaidd, wedi bod yn gweithio ym mhyllau glo Cwm Rhondda yn ystod plentyndod Gwilym Ceri, addas felly i'r mab ddechrau ar ei yrfa yng Nghapel y Parc, Cwm-parc, Treorci (1922–27). Fe'i galwyd wedyn i fod yn weinidog ar Gorffwysfa, Penrhyndeudraeth a Minffordd (1927–30) cyn symud i Bethesda, Llanwrtyd (1930–36), Grove Place, Port Talbot (1936–46) a Salem Faerdref, Clydach ar Dawe (1946–58). Oddi yno, wedi ymddeol am resymau iechyd, symudodd ef a'r teulu i fyw i Peniel Green, Llansamlet. Daliodd i farddoni a chymryd ambell oedfa, a minnau'n cydymdeithio o dro i dro i'w helpu gyda'r darlleniadau.

Cyfarfu â Mam, Mary Symmons, pan ddaeth hi o Abertawe i Lanwrtyd ar ei gwyliau, a'r ddau'n cwympo mewn cariad. A hithau'n uniaith Saesneg ar y pryd, deallodd Mam fod yr iaith Gymraeg a'n diwylliant arbennig ni yn ganolog i fywyd 'Nhad. Wedi priodi, ac yn enwedig yn ystod ein cyfnod yng Nghwm Tawe, llwyddodd Mam i ddysgu digon o Gymraeg i arwain cyfarfodydd y menywod – ond heb fyth feistroli'n llwyr fusnes y treigladau. Ysgrifennai ataf yn Gymraeg yn gyson pan oeddwn i bant o'r brifysgol yn Aberystwyth am flwyddyn yn dysgu mewn lycée yn Lorient, Llydaw.

Gweithiodd 'Nhad â'i holl egni fel gweinidog gyda help diflino ei briod. Roedd y ddau'n cymryd gofal meddylgar a chyson o'r aelodau a'u teuluoedd ac yn ymweld yn rheolaidd â'r cleifion yn y gymdogaeth. Anghofiaf i fyth fynd i ymweld â blaenor a oedd yn marw o silicosis gyda 'Nhad a sylwi ar dynerwch ei gymeriad. Dyma'r nodwedd arno a enillai barch iddo lle bynnag yr âi.

Bu farw ym mis Chwefror 1963, yn ystod fy mlwyddyn gyntaf ar staff prifysgol newydd Sussex yn Brighton. Roedd yn ergyd fawr imi ac rwy'n dal, hyd heddiw, i deimlo colled ddofn ar ei ôl. Rwyf hefyd yn edifaru am fy methiant personol i ofyn llawer mwy o gwestiynau iddo a thrafod ei brofiad a'i safbwyntiau yn ystod ei fywyd. Ni wyddwn ddim o gwbl am ei ddiddordeb yn y gwledydd pell sydd mor amlwg yn rhai o'i gerddi, nac am ei gred ym mhwysigrwydd dimensiwn rhyngwladol Cymru, rhywbeth sydd wedi llunio fy mywyd a'm gwaith innau dros bedwar degawd wedi ei farwolaeth.

Mae'n debyg iddo ymddiddori yn y celfyddydau a dechrau barddoni yn fore iawn – a chyfeillgarwch â bois y Cilie yn bwydo'r diddordeb hwnnw, heb os. Cyn gynted ag y byddem yn cyrraedd Rhydlewis ar ein gwyliau, byddai'n gwibio draw i Langrannog i fod yn eu cwmni, gan aros i gyd-farddoni ag Alun Cilie, T. Llew Jones ac Isfoel hyd oriau mân y bore. Roedd dylanwad ei fam yn fawr arno hefyd, a hi yn sicr a'i hysbrydolodd i ganu am fyd yr adar.

Wrth gwrs, gwyddwn ei fod yn fardd llwyddiannus mewn eisteddfodau ledled Cymru. Roedd y dros hanner cant o gadeiriau ar ein haelwyd yn datgan hynny! Cofiaf yn glir gnocio droeon ar ddrws ei stydi yn y mans, ac wrth agor y drws, methu ei weld drwy'r mwg sigaréts di-baid a oedd yn llenwi'r ystafell ac yn ei gwato o'm golwg. Roedd yn enillydd cyson mewn eisteddfodau lleol ac is-genedlaethol yn y De ac yn Llundain, lle'r enillodd y gadair bedair gwaith yn olynol o 1932 i 1935. Ugain mlynedd yn ddiweddarach ym 1955, cipiodd Gadair y Genedlaethol ym Mhwllheli ar y testun 'Gwrtheyrn'. Yna, ym 1959, flwyddyn wedi iddo ymddeol, enillodd y gadair, y goron, y delyneg, yr englyn a'r stori fer yn Eisteddfod Aberteifi, neu'r Ŵyl Fawr fel y'i gelwir bellach. Enillodd ganmoliaeth am ei gyfieithiadau hefyd o gerddi, ysgrifau ac emynau o'r Saesneg. Bu'n aelod o dîm Ymryson Morgannwg ynghyd ag Eirian Davies, Ithel Davies a Morgan Phillips, a byddwn innau o dro i dro, oherwydd y nam ar lais 'Nhad, yn cael y fraint o ddarllen ei gyfraniadau ar y radio yn stiwdio'r BBC yng Nghaerdydd. Ond er imi fwynhau ymuno ar fore Sadwrn am gyfnod bach â'i ddosbarth cynganeddu yng Nghlydach a chael cwmni Gwilym Herber o Graig-cefn-parc a chyfeillion eraill, gresynaf nad wyf wedi etifeddu ei ddawn.

Roeddem yn ddiolchgar i Eirian, ein hen gyfaill teuluol, a'i wraig Jennie, am drefnu cyhoeddi detholiad o waith 'Nhad dan y teitl *Diliau'r Dolydd* yn ôl ym 1964. Ond pan fu farw Mam ym 1970, gadawodd imi gês yn llawn o ysgrifau 'Nhad, a'r rheini wedi eu diogelu ganddi er cariad a pharch tuag ato. Roedd hi ei hunan yn wraig dalentog, yn hoff iawn o farddoniaeth, yn alto swynol, yn bianydd ac yn arlunydd. Mae'n amlwg ei bod yn gobeithio y byddwn i'n ymelwa o'r casgliad.

Cyfaddefaf imi esgeuluso'r cês, er y gwyddwn yn iawn fod y ddyletswydd yn aros amdanaf. Nid agorais y cês trwy gydol y cyfnod o 25 mlynedd pan oeddwn yn byw ym Mrwsel, er imi fynd am wythnos i bob Eisteddfod Genedlaethol ers 1954 a mwynhau cwmni'r hen gyfeillion yn y Babell Lên. Wedi hanner canrif yn byw ac yn gweithio'r tu allan i Gymru, a symud yn ôl i fyw i Benarth, agorais y cês dair blynedd yn ôl a chael fy syfrdanu gan y cynnwys. Cyffyrddodd â'm calon, a theimlais lif o gariad grymus at fy rhieni. Penderfynais fynd ati i ddarllen y cyfan gan feddwl y byddai cyhoeddi'r darnau nas cyhoeddwyd o'r blaen yn bwysig. Gwyddwn eisoes am frwdfrydedd ac amynedd diflino 'Nhad wrth baratoi i bregethu ac wrth lunio ysgrifau ar themâu crefyddol i'r *Goleuad*, ond efallai nad oeddwn wedi llawn sylweddoli maint yr ymchwilio manwl sy'n sail i rai o'i gerddi hir, megis 'Icarus' a 'Gwrtheyrn'.

Wedi agor y cês, fodd bynnag, nid oedd gennyf ffydd yn fy ngallu personol i ddewis o blith y cant a mwy o gerddi byrion, ac i ddethol adrannau o'r ugain a mwy o gerddi hir. Strocen hollbwysig oedd gofyn i Mererid ymgymryd â'r prosiect gyda mi. Ac ar ôl misoedd o gasglu a golygu, a hithau'n gofyn cwestiynau nad oeddwn bob amser yn gallu eu hateb, dyma gyrraedd pen y daith. Ni fyddaf i fyth yn gallu cyfleu fy ngwerthfawrogiad o'r cydweithio hwn; mae'r profiad wedi bod yn un rhyfeddol o hapus a chadarnhaol.

Dyma gyflwyno felly gyfrol sydd, gobeithio, yn adlewyrchu ystod talentau 'Nhad, y bardd Gwilym Ceri.

Hywel Ceri Jones
Penarth

Gair gan y Golygydd

Ym mlwyddyn cyhoeddi'r gyfrol hon, o ddod mis Awst, byddwn yn tyrru i ddathlu Eisteddfod Genedlaethol 2023, Llŷn ac Eifionydd, ym Moduan. Bu'r Brifwyl yn Eifionydd ym 1987, ond mae'n rhaid estyn yn ôl bron i saith deg o flynyddoedd, i 1955, er mwyn cyrraedd y tro diwethaf iddi fod yn Llŷn.

Roedd pum mlynedd cyntaf y 1950au wedi gweld cadeirio Gwilym Tilsley ('Awdl Foliant i'r Glöwr', 1950); Brinley Richards ('Y Dyffryn', 1951); John Evans (ddwywaith: 'Dwylo', 1952, ac 'Yr Argae', 1954); ac E. Llwyd Williams ('Y Ffordd', 1953). Yn ystod pedair blynedd diwethaf y degawd, byddai Mathonwy Hughes ('Gwraig', 1956); Gwilym Tilsley ('Cwm Carnedd', 1957); a T. Llew Jones (ddwywaith: 'Caerllion-ar-Wysg', 1958, ac 'Y Dringwr', 1959) yn cael eistedd yn hedd yr Eisteddfod. Yn union yn eu canol, tro'r Parchedig Gwilym Ceri Jones oedd hi, a'i awdl fuddugol yn ymrysona ag un gerdd ar bymtheg arall i gyrraedd y brig. Y testun oedd 'Gwrtheyrn', a'r beirniaid oedd D. J. Davies, William Morris a Thomas Parry. O dan y ffugenw 'Maes y Briallu', cyflwynodd gerdd a ddisgrifiodd William Morris fel un a allai fynd 'ag anadl dyn' mewn mannau, ac un a ganmolodd D. J. Davies fel cerdd sy'n 'odidog ymhob rhyw fodd', ond a'i disgrifiodd hefyd fel un 'amhosibl', cyn mynd ymlaen i ddweud mai '[b]raint yr Eisteddfod yw cael bardd fel hwn i'w Chadair' (*Cyfansoddiadau a Beirniadaethau*, 1955, t. 65). Yn sicr, mentrodd Gwilym Ceri ganu ar gyfuniad annisgwyl o fesurau, mor annisgwyl nes peri i'r trydydd beirniad, Thomas Parry, ragweld sut y byddai'r 'beirniaid answyddogol' yn collfarnu'r beirniaid swyddogol yn y trin a'r trafod wedi'r Eisteddfod! (ibid, t. 77). Ac os yw Thomas Parry yn llai canmoliaethus na'r ddau feirniad arall, gwêl yntau rinwedd mawr yn y modd y mae 'Maes y Briallu' wedi mynd ati i ddysgu yr hyn 'y dylai pob bardd Cymraeg ei wybod, sef barddoniaeth ei wlad ei hun'.

Mae cynnwys y cês y cyfeiria ei fab, Hywel Ceri, ato yn ei ysgrif-gofiant i'w dad, yn gyforiog o gerddi amrywiol ac yn dyst i awch cystadleuol Gwilym Ceri. Gall rhywun ddychmygu'r rhyddhad gorfoleddus a deimlai'r bardd ar y daith honno i Bwllheli. Roedd wedi cael beirniadaethau amrywiol ar ei ymgeision yn y gorffennol. Yn Eisteddfod Genedlaethol 1953, Y Rhyl, mae Thomas Parry'n datgan y byddai'n 'fodlon iawn' ei wobrwyo (*Cyfansoddiadau a Beirniadaethau*, 1953, t. 43), a Gwilym Tilsley'n nodi y byddai'n 'hyfryd gennyf ddyfarnu'r Gadair' iddo (ibid t. 54). Ond yn Eisteddfod Genedlaethol 1954, Ystradgynlais, dyna Meuryn yn disgrifio ei awdl fel un 'herciog iawn' (*Cyfansoddiadau a Beirniadaethau*, 1954, t. 73); ac er bod Edgar Phillips yn diolch am y 'diffuantrwydd a didwylledd' a geir yn y gerdd (ibid t. 83), mae Gwenallt yn dilorni'r math hwn o ganu gwladgarol fel canu 'Gwalialyd', gan ddweud yn sarhaus ei bod hi'n bryd i'r beirdd roi 'gorffwys i Walia' (ibid t. 66). Ysgol brofiad oedd hyn oll i Gwilym Ceri, ac wedi Prifwyl 1955, a chadair y Genedlaethol yn ddiogel yn ei barlwr, pwy a ŵyr nad oedd gorchestion dwy-gadair T. Llew, Gwilym Tilsley a John Evans wedi ei ysbrydoli i ddal ati, gyda thystiolaeth yn yr archif o gynigion ym 1957, 1960 a 1961 drachefn?

Ochr yn ochr â'r awdlau a'r pryddestau, mae trysorfa'r archif a ganfuwyd ym Mhenarth yn cynnig cipolwg ar yrfa un a gefnogodd eisteddfodau lleol, bach a mawr yn ogystal â'r rhai cenedlaethol. Gwelir gwaith ailwampio ar ambell ddarn, weithiau yn ôl testun y gystadleuaeth, ac weithiau yn ôl awgrym gan ryw feirniad neu'i gilydd mewn cystadleuaeth flaenorol. Gwelir sawl ychwanegiad mewn pensil neu inc at ambell linell o gerdd wedi iddi gael ei theipio'n dwt, neu hyd yn oed ei chyhoeddi mewn papur neu gylchgrawn. Gwelir hefyd loffion sy'n dangos ôl ymchwil trwyadl. Dyna'r darllen a'r dyfyniadau manwl o'r Mabinogi a theithlyfrau Sir Benfro yng nghyd-destun ei awdl 'Yr Ynys' (t. 86) yn Eisteddfod

Aberteifi, 1959; dyna'r pum dyfyniad ar ddechrau'r awdl 'Dydd Barn a Diwedd Byd' yn Eisteddfod Genedlaethol 1960, Caerdydd, yn cynnwys *Christian Doctrine*, J. S. Whale, a *The Parables of the Kingdom*, C. H. Dodd, a'r gerdd ei hun yn cyfeirio at Sigmund Freud a C. S. Lewis; a dyna'r toriadau papur niferus yn trin a thrafod sut darganfuwyd Sgroliau'r Môr Marw wrth iddo baratoi i gyfansoddi awdl 'Bro'r Ogofeydd' i Eisteddfod Genedlaethol 1957, Sir Fôn. Hon, gyda gyda llaw, oedd yr awdl orau ym marn Euros Bowen ac fe'i cyhoeddwyd ynghyd ag awdl T. Llew Jones, a ddaeth yn drydydd yn y gystadleuaeth, mewn pamffled o Wasg Aberystwyth yn y mis Tachwedd wedi'r Eisteddfod 'ar gais taer nifer o gyfeillion'. Oherwydd ei natur storïol, ysywaeth, nid oes penillion na chaniadau sy'n sefyll ar eu pen eu hunain ac felly nis cynhwyswyd yn y casgliad hwn.

Nid chwedlau'r gorffennol yn unig a âi â'i fryd. Heb os, dyma fardd a oedd yn gwbl effro i ddigwyddiadau ei ddydd, a'r dyddiau rheini'n rhai go arwyddocaol fel y mae Hywel arall, Hywel Griffiths y tro hwn, wedi ein hatgoffa yn ei erthygl ddadlennol yn *O'r Pedwar Gwynt* (20.07.22). Wedi'r cyfan, dyma'r degawd cyn boddi Tryweryn (dechrau'r 1960au), ond degawd codi Argae Llyn Wysg (1955) ac agor Argae Claerwen yn swyddogol gan Elizabeth o Windsor (1952). Dyma'r degawd cyn yr Arwisgo (Caernarfon, 1969), ond degawd cyhoeddi Siarl fel 'Tywysog Cymru' (Caerdydd, 1958). Ac yn hyn o beth, gwêl Hywel Griffiths fod ymateb ac arweiniad cerddi'r cyfnod yn werth eu hystyried yn ofalus.

Os cydiodd yr ysbryd cenedlatholgar yn dynn yn Gwilym Ceri, fel y tystia sawl cerdd o 'Yr Argae' (t. 76) i 'Fforest' (t. 79) i 'I Iaith Farw' (t. 80), felly hefyd yr ysbryd cydwladol heddychlon. Mae'r bryddest 'Geneva', a gyflwynodd o dan y ffugenw 'Pax' a chipio ganddi Gadair Eisteddfod Gadeiriol Central Hall, Llundain, 1933, yn tystio i'r dyheu am fyd o heddwch. Ond daeth yr Ail Ryfel Byd i chwalu'r breuddwydion hynny, ac erbyn y 1950au, roedd gollyngdod gweld diwedd y gyflafan honno yn pylu. Roedd casineb y Rhyfel Oer eisoes wedi dechrau mynnu'r penawdau, a'r ymdrechion i gynnal heddwch byd yn magu arwyddocâd newydd.

Mae cerddi Gwilym Ceri'n dangos pa mor ysgeler yw dyfais fel y llong danfor ('Suddlong' t. 64) ac yn arswydo rhag y milwrio ar diroedd Cymru, fel y mae'r awdl 'Yr Argae' (t. 76) yn ei gyfleu:

> ym Mlaenannerch, ymgudd milain ynnau;
> i'r Mamoth-wanc, dwyn llanciau – trwy orfod,
> er rhoi arnyn nod yr heyrn-eneidiau.

Ond nid yng nghyd-destun meysydd rhyfel y gwêl y gwledydd pell yn bennaf. Maen nhw'n cynnig rhamant a rhyfeddod iddo. Plannwyd ei ddiddordeb yn y gwledydd pell, fel y mae'r gerdd 'Porth y Dwyrain' (t. 48) yn nodi, yn ystod ei ddyddiau ysgol gynradd, ac mae cerddi fel 'Iter Persicum' (t. 47), 'Yr Edelweiss' (t. 26) a 'Llwybr y Mynydd' (t. 32) yn dangos sut bu'r diddordeb hwnnw'n gwmni iddo gydol ei oes.

Mae'n canu hefyd i ddatblygiadau technolegol ac yn gallu gwneud hynny yn ddwys ac yn ysgafn. Gallwn ddychmygu'r chwerthin mewn noson lawen wrth i'r gynulleidfa fwynhau'r odl yn y cwpled 'Cyfeiriais yn barchus at enw Crwshoff/ac am ei hynawsedd i'm gweled i off,' ('Y Daith i'r Gwagle', t. 56), a'r cyfuniad o'r enw tramor a'r ymadrodd Saesneg yn gosod cywair cellwair y stand-yp. Gwrandewch arno wedyn yn taflu cyfeiriad at Kant mor ddiymdrech yn y difyrrwch:

> Deffroais yn sydyn, a chael fy hun
> mewn gwagle difesur, diamser, di-lun,
> a chofiais eiriau athroniaeth Kant:
> 'nid yw amser a lle ond breuddwyd plant'.

Mae ganddo gerdd i ryfeddod yr 'Argae Falŵn' (t. 55) a chân i'r 'Pwmp Petrol' (t. 60), ac er bod y ddwy yn ysgafn eu cyffyrddiad, yn wyneb ein hargyfwng hinsawdd ni heddiw, mae pennill olaf 'Pwmp Petrol' yn rhybudd tost:

Mae'r Pwmp a'i dras o'r diwedd
yn llywodraethu'r byd,
gan yrru yr olwynion
yn gynt a chynt o hyd;
a ddaw y byd i ben ei daith
pan baid y Pwmp â gwneud ei waith?

Os yw'n cael ei swyno gan y datblygiadau hyn, mae'n cadw ei ryfeddod dwysaf at wyrth y cread a byd natur, a thrwy'r cwbl, mae'r hanfod ysbrydol sy'n deillio o'i ffydd yn ymweu.

Er ei fod yn barod iawn i arbrofi o ran mesur a ffurf, a hynny yn y cerddi caeth a rhydd fel ei gilydd, daw yn ôl, dro ar ôl tro, at delyneg ar fydr ac odl sy'n canu am flodau ac adar a hiraeth am gynefin. Eto, cofiwn iddo brofi bywyd nid yn unig yng nghefn gwlad Cymru ond hefyd yn y cymoedd diwydiannol, ac mae'n llawn mor barod i arddel 'Port Talbot' â 'Rhydlewis' wrth gwt ei enw, gan ganu'n ddwys am ardal Cwm Nedd a'i phrydferthwch a heriau datblygu diwydiannau trwm fel ei gilydd.

Gwelir y ddeuoliaeth hon ar waith yn ei gerdd 'Lleisiau Mewn Gardd' (t. 66), lle mae sgwrs un llais yn dilyn trywydd y bomio a thactegau Churchill, a'r llall yn tynnu sylw at drydar yr adar. A'r math hwn o ddeuoliaeth sy'n nodweddiadol o natur y casgliad a arweiniodd at ddewis teitl y gerdd 'Dau Lais' (t. 90) yn deitl i'r cyfanwaith. Ar y naill law, gall ganu yn null telynegwyr tyneraf ei gyfnod fel yn 'Mynachlog y Glog' (t. 13), ac ar y llall, gall boeri geiriau crac ac ymosod ar anghyfiawnderau cymdeithas ei ddydd fel yn y gerdd 'Clefyd' (t. 106) sy'n dwyn i gof ysbryd rhai o linellau miniocaf bardd fel Gwenallt.

Cyfeiriodd ei fab, Hywel Ceri, eisoes at *Diliau'r Dolydd*, ac wedi cribo drwy'r archif, mae rhywun yn gwerthfawrogi'n fawr waith gofalus golygydd yr antholeg honno, Eirian Davies, wrth iddo roi casgliad o waith ei gyfaill at ei gilydd yn fuan wedi ei farwolaeth. Cafwyd sylwadau gwerthfawrogol o'r casgliad hwnnw gan Saunders Lewis, neb llai, a welodd ynddo 'amryw gerddi bychain tlysion' (*Western Mail*, 12 Mehefin 1965, t. 8). Mae Harri Gwynn yn ei adolygiad yn *Y Cymro* yn dotio at ddewis geiriau'r bardd ac yn canmol y casgliad 'caboledig' (*Y Cymro*, 20 Mai 1965, t. 2), tra bo Stafford Thomas yn ei adolygiad yn *Lleufer*, yn cyfeirio ato fel 'llyfr cyfoethog' (*Lleufer*, XXI, Hydref 1965, t. 149). Gorffen ei adolygiad yn *Y Goleuad* gyda hyn o anogaeth a wna William Morris, 'Chwi, ddarllenwyr y GOLEUAD, prynwch y gyfrol a chewch flas neilltuol arni' (*Y Goleuad*, 24 Chwefror, 1965, t. 3).

Fodd bynnag, ers y dyddiau hynny, mae mwy o ddeunydd wedi dod i glawr a'r maes wedi ehangu, a dyma pam roedd teulu'r bardd yn arbennig o awyddus i weld ail antholeg yn cael ei chyhoeddi. Os oedd y cribo drwy'r archif yn waith pleserus, nid oedd y detholyn hawdd, fel yr awgryma'r rhestr 'cerddi nas cyhoeddir' a welir yng nghefn y gyfrol. Ar y cyfan, cerddi hir yw'r rhain lle mae eu rhediad yn ei gwneud hi'n anodd cynnwys darnau ystyrlon. Codai'r her nid yn unig o ran pa gerddi i'w cynnwys, ond hefyd pa fersiwn, a byddai golygydd arall, mae'n bosibl iawn, wedi casglu deunydd gwahanol ynghyd.

Yn ystod y cyfnod clo y bu deuparth y gwaith hwn ar y gweill, ac mae'n debyg, oni bai am y cyfnod hwnnw a'i aros-gartref gorfodol, na fyddai'r clirio dreiriau a chorneli a ddaeth â'r deunydd newydd i glawr wedi digwydd o gwbl. Dyma pam mae'r casgliad yn agor gyda'r syniad o ddatod clo. Ac er mai casglu a chyhoeddi at ddibenion teuluol a phersonol oedd pennaf nod y fenter hon, y gobaith yw ei bod hefyd yn agor cil y drws i'r gweddill ohonom gofio am y math o weithgarwch sydd wedi nodweddu cymaint o feirdd a phrydyddion ein cenedl. Diolch i'r prentisio a'r cnoi pensil, yr ail-lunio a'r dyfalbarhau, y talyrna, yr eisteddfota, y difyrru a'r athronyddu, gobeithio y cewch chi fwynhau cwmni Gwilym Ceri ac fel finnau, brofi'r fflach ar dro sy'n drysu'r bwlch rhwng pell ac agos ac yn ymestyn y gorwel o Gymru i'r byd.

Mererid Hopwood
Aberystwyth

'Glowyr yn dychwelyd o'r gwaith yn Treorci, Cwm Rhondda'
gan Charles Burton.

Y Cerddi

Clo

Er ei afael, nid rhyfedd – yw ei weld
    yn ildio, heb omedd,
   yn y fan i'r neb a fedd
   ewyllys i droi'r allwedd.

Dymuniad

Ar y pren leilac adar sydd
yn trydar er ys oriau,
nes gwneud im gredu bod y pren
yn gnwd o gerddgar flodau.

Ar gangen luniaidd fry o dan
ei chlwstwr blagur cymen,
mae pig y deryn du'n yr haul
yn sgleinio megis seren.

Ac isod, ymysg leilac braf,
rhai porffor na bu'u glanach,
mae hithau, fy mronfreithen hoff,
na'r deryn du'n bereiddiach.

Mynnwn, O Dduw, pe byddai modd,
im lunio perffaith ganig,
nes gwneud i'r dall weld tlysni'r rhain,
a'r byddar glywed miwsig.

Amser

Deg lanc! Chwimed ag awel yw:
o'r braidd y ceir cip ar ei bryd.
Ar ei war, dwy adain a roed
yn braff, ac o liw brith.
Di-ffael eu gafael yn y gwynt,
ni bu ewig fwy buan.

Rywfodd, ei ddyfod sydd arafach,
yna, chwimach, chwimach o hyd
yw ei wib annychwel heibio.

Ni thry hwn unwaith yr â
heibio i'n pabell.

Nid erys awr ger drws un,
ni ddaw'n ôl er gweddi neb.

Uwch ei ael, y llanc chwim,
tyf ei grychfelyn gudyn gwallt.
A fo ddewr, fe faidd o
gydio'n yr euraid gudyn,
a'i ddal yn ei ddwrn
i arafu'r adanedd cryfion.

Ond o'i fyned, na red ar ei ôl.
Ni weli mwy ond ei wegil moel.

Yr Ymweliadau

Gwn i nad digwyddiadau ddoe
o'r cof yn codi ŷnt,
megis y codir crinddail ffos
gan sydyn ffust y gwynt.

Na. Mae rhyw beraidd rin i'r rhain
sy'n bywiocáu fy mron
wrth ddyfod ataf mor ddi-dwrf
a'u suon lleddf a llon.

Credaf mai ysbrydion byw
o'r anwel sydd ar dro –
anwyliaid ddoe yn dod yn ôl
o feddau yr hen fro.

Pe bai deneuach lenni'r clai,
fe'u gwelem – loywaf lu –
a theimlo'u cusan ar ein hael;
gysurwyr dyddiau du.

Y Beddau yn y Tywod

Ymdaen y tywod eto, megis cynt,
yn wyrth o lyfnder melyn.
Mae'r gwrymiau'n cilio dan chwyrlïo'r gwynt
a chenlli'r gawod sydyn.

Ofer y croesau pren i nodi'r fan
lle seiniodd biwgl ein ffárwel.
Yno ni fyn yr ywen ddu ei rhan
yn nefod drist y grafel.

Lle chwipia'r rhwth Siroco'r estron fro,
lle myn y glaw golynnu,
nid erys rhesi'r gwrymiau yn ei gro
ond eiliad, a diflannu.

Cysur

Daw y dyddháu, doed a ddêl – o wae byd,
    mae balm i'r penisel,
ceir mewn cur y manna cêl,
ac mewn ing gwmni angel.

Y Cyfnos

Neithiwr, gwyliais y Cyfnos dwys-lygad
mewn gweddwdod galarus,
a'r Ddaear Hen yn sibrwd ei chydymdeimlad
wrtho'n gwynfannus;
a'r Ffurfafen, hithau, yn wylo
wrth grymu'n ddistaw i dynnu'r napcyn sidan
dros wyneb y marw yno.
A daeth ef, y Gwynt, i bwyo'i hoelion arian
i'r caead
â bysedd nerfus.

Ar hanner y ffordd i'r fynwent
lle'r oedd llafn o olau'n gwanu'r heol,
safodd yr elor ddu am foment,
a throes y golau'n Bresenoldeb llachar a dwyfol.
Â gair, archwyd y Gwynt i laesu'r hoelion arian,
a thynnu'r napcyn sidan;
draw'r un foment,
ymlenwodd yntau'r bedd, a chaeodd clwyd y fynwent.

Yn llygaid llwyd y Cyfnos,
fflachiai glain o wawl, fel fflach yr ewyn ar ganol nos.

Peidiodd wylo'r Ffurfafen:
a gwenodd hithau'r Ddaear mewn gobaith llawen.
Taflai'r Gwynt ymaith bob hoelen arian
a chasglai'r Ffurfafen hwynt yn ei harffed lydan.
Rhwygodd y Ddaear yr amdo'n rhubanau main,
a rhoes i'w phlant, y Tymhorau'n fathodau cain.

Yntau'r Cyfnos nis gwelais mwy,
na'i Anwylyd, hithau.
I ble'r aethant hwy?

Diwedydd

Awr yw i'r dydd wyro i'r don – awr i'r wedd
    droi o'r âr yn brydlon,
  awr a huda gariadon,
  awr saib o'r tresi yw hon.

Awr ias yw ym mro suon; awr Lilith,
    awr lledrith, awr lladron:
  awr gwdihŵ brig duon:
  awr i fynd adref yw hon.

Y Byd Sy' Ohoni

A welwch chi'r lli dan dröell awel
a llwydni nos yn lledaenu'n isel?
Hoelion gofaint ni ddalian' eu gaf'el;
hen wrymiau edau'n breuo i ymad'el.

A glywch chi ru'r gweryru ar orwel,
Meirch Neifion i'r adwyon yn diwel?
Anweledig rofiau'n cludo'u grafel …
a rhwygiad pob cydiad cyn y cawdel.
Rhag gwae y swnd, cracia sel – mur henoed,
cawn yw derwgoed rhag y cynio dirgel.

Awr a'i hing yn sor-hongian – uwch gardd Crist,
uwch gwraidd Cred ym mhobman;
dan y gwg, byd yn gwegian,
rheg y gwynt argaeau gwan.

Ys cry'r sawl y swcra'r sêr
ei ffydd fel nas diffodder.

Aberafan

Y mae llawer llecyn o fewn ein cymdogaeth
sy'n gartref traddodiad a chwedlau tra syn;
ac na thybied neb mai rhyw wag ofergoeliaeth
yw Cyfarth Cŵn Annwn a Ladi Craig Llyn.

Yn hen Lyn y Cynffyg mae trobwll dychrynllyd
lle'r esgyn y mwg o dair simne i'r sêr,
mae arwydd bydd, drannoeth, ystorom ddisyfyd
a llongau yn gandryll ar greigiau y Sgêr.

Ar hen Fynydd Margam clywch sgrech Gwrach y Rhibyn
a Hen Ddyn yr Afon yn dilyn â'i gri;
mae Owen y Mynach a Gwyneth liw'r rhosyn
yn rhodio'n gariadon i'w bedd dan y lli.

Ar ddydd geni'r Iesu, mae'n rhaid i chi 'nghoelio,
mae rhyfedd olygfa i'w gweld yn ein tre,
os ewch chi i lan afon Afan a gwylio
cewch weled yr eog sy'n enwog drwy'r lle.

Mor ddof yw'r pysgodyn cewch oglais ei gynffon –
er hynny does potsiar a'i cyfyd o'r gro,
cans hwn ydyw mascot hen dref Aberafan
amdanom bob bore Nadolig rhydd dro.

Mynachlog y Glog

Cerddais trwy byrth Mynachlog y Glog
sy' a'i muriau'n adwyau llwm;
clywais fronfraith yn yr iorwg crog
â'i chân lond cyfnos y cwm.

Nid ydoedd bader o gwfaint na chlôs,
na llith nac offeren bêr;
mae'r cloistrau'n ddi-do i anghynnil nos
a dirmyg eon y sêr.

O'u chwarae hwyr hyd bantlawr a rhiw
trôi'r plant i'w cartrefi 'nghyd,
rôl dawns rhwng dellt y Fynachlog friw
lle bu gwyrth y Seceina cyd.

Pan drois a mynd, fel hwythau, i'm hynt
daeth ust dros y muriau gŵyr,
a phasiodd mintai'r ymgroeswyr gynt
trwy Gyntedd Rhuddliw yr hwyr.

Ffynnon

Bu nant y cwm ar goll drwy'r haf,
a phistyll Cnwc-yr-ynn;
a chlywyd bref yr anner goch
yn galw'r glaw i'r glyn.
A dyna pam mae Deio'n awr
o gam i gam, ar dro,
â'i hudlath dirf yn ei ddau ddwrn –
hen ddewin dŵr y fro.

Yn sydyn, er ei afael gref
fe winga'r gollen ir,
fel pe bai anweledig rym
yn mynnu'i throi yn wir.
Yfory, bydd y dewin craff
yn cloddio 'mhell i'r nawn,
nes cael yng ngro ei dyddyn bach
fyrlymon ffynnon lawn.

Fel yntau dros y crastir af,
a'm gafael innau'n dynn
mewn hen addewid sydd mor ir
â'r cyll ar Gnwc-yr-ynn;
a chael, er her anochel haul,
a'r myllni diwahardd,
yng nghreigdir garwa'r byd o hyd
fyrlymon ffynnon dardd.

Y Medelwr

Cyn duo o'r mwyar ar fieri
a llenwi o'r cnau yn llwyni'r cnwc,
daw medelwr i gwr ei gae.

Cyn y gwêl haf wib olaf gwenoliaid,
a gwyar hefyd ar griafol,
bydd cywain o'r llain a'r llannerch.

Cyn diosg croen yr haf hoenus,
a chloi'r hafod â'i luwch ôd chwyrn,
bydd yn y gadlas das dan do.

Cyn i gŵn Rhagfyr gyfarth ar y gyrroedd,
a larwm yr hirlwm fferru pob ffrwd,
bydd ogor yn ddygyfor gwyn.

Y Lleuad Fedi

O'th glawstr y deui, leian,
a'th bryder ar dy wedd,
pan weli'r las ysguthan
yn clwydo'n Allt Nantcafan
ar ôl y ffest yn stacan
yr ŷd yn Nyffryn Nedd.

Fel hyn, drwy'r nawnos olau,
ac fel y calch dy bryd,
y rhodi ar bell lawntiau
mynachlog hyna'r oesau,
cyn tewi o'r pêr gantiglau
sy' rhwng ysgubau'r ŷd.

Cyn marw o'r rhosyn sgarlad
o hiraeth am yr haf;
cyn dyrnu'r ŷd i'r dowlad,
a blingo o'r gwynt dir arad,
rho drem, di leian irad,
cyn troi i'th glawstr yn glaf.

Y Fedel

Ni chlywir cân rhwng 'sgubau'r ŷd
a chryg yw'r sguthan las;
mae gofwy'r dilyw'n para cyd,
ac ni reffynnwyd tas;
a chan mai llwm yw ydlan bro,
henwr ni wêl ei wobrwy o.

Ar faes y nef mae'r storm ddi-daw
yn gyrru'i chombein harn;
mae prysur fedel gwynt a glaw
yn ysguborio barn;
bydd gogor fras i galon drom,
a'n cof yn hir am flwyddyn lom.

Hydref

Pa rin sydd ym mlaen dy fysedd,
ddewin yr anial a'r ardd?
O'th ôl gedaist liwiau rhyfedd
ar dy dramwy diwahardd.
O ble y daethost ar drywydd
yr haf drwy goedlannau'r fro?
Pa stori a ddwedaist ar weunydd
i yrru'r gwenoliaid ar ffo?

Pa nwyd sy'n cyffroi dy galon,
ymwelydd gwerddon a gwŷdd?
Mae bonau'r grug yn gringochion,
a'r cnau o'u masgal yn rhydd.
A pha beth a fu'n y berllan?
Ai ti ydyw llofrudd yr haf?
Mae'r 'falau ar lawr yn garfan,
a'r awel yn cwyno'n glaf.

Pa arf sy 'nghudd dan dy glogyn,
ysglyfiwr maenol a rhos?
Lliw'r gwaed yw'r gwrych yn y dyffryn,
lliw'r gwaed yw'r rhedynen dlos.
A pham y tremi'n slei arnaf,
a hanner-gwenu fel hyn?
Bladurwr ffalslygad! Gwelaf
dy lafn dan dy glogyn tyn.

Y Masarn

Aeth dros y darren grinwedd
ddeg gaeaf er y tro
dan wybren ffrom mis Tachwedd
y'u cerfiwyd ar fy ngho';
pedair masarnen yn y deifwynt
yno'n eu plyg ar oledd Epynt.

I mi, rhyw henwyr gwargrwm
ydoedd y masarn hyn,
ar eofn hynt o'r cafngwm
i arail preiddiau'r bryn.
A thybiwn glywed ar bell bennarth
eu digynllyfan gŵn yn cyfarth.

Ar rai hiraethus oriau,
fe'u gwelaf megis cynt
a'r plyg yn eu colfennau
wrth herio strem y gwynt,
a dal i gredu'n sicr nad ydynt
ond pedwar bugail defaid Epynt.

Goleuni'r Gogledd

Dunos y pôl yn olau, – rhudd a gwyrdd
    yw gwawr gerddi'r nennau,
  onid Duw gwyn sy'n teg wau
  i'r nef iasoer enfysau?

Fflamau

Dewin yw'r tân sy'n diosg
rhubanau lliw'r carbon llosg.

Mawndan

Dân mawn! Dwyn y mae heno
o farw'n fyw y rhin a fu.
Ymdwymaf yn heulwen hen hinon;
egni cynnoes ym mhlygion cawnen;
a rheiddiau'r haul ym mhydredd yr allt.
Danllwyth braf! Mae golud pell hafau
yn rhoi hud i'th farwydos,
a rhubanau lliw'n dy garbon llosg.

Gloywed doe yn ffagl y tân.
Ymdwymaf, a chanaf i'r wreichionen
a wna'n fyw y rhin a fu.

Glo Carreg

Pyla'r ordd ddur wrth ei durio, – â'n llesg
    y llaw a'i mandrelo,
   ond mor llon, pan wreichiono,
   y chwardd ei hen wytnwch o.

'O Ran y Gwyddom …'

Rhy gyfrin ydyw brwynen frau i mi
i'w dadelfennu a rhoi 'i rhyfedd hud
mewn termau twt cemegol. Erys hi
a nudden ei dirgelwch drosti o hyd.
Sleifia rhyw gwestiwn heibio i'n holl ddogmâu:
yn sydyn, rhytha astrus gnap sy'n mynnu
drysu'n dysgodron. Erys drws ynghau,
ac erys cledd na chaed Galàth i'w thynnu.
Petalau, corsen, gwreiddyn, – malaf hwy
rhwng bys a bawd yn llwch, a dal eu deunydd
dan fy chwyddwydr. Er hyn ni threiddiaf drwy
blygion dieithrwch gwelltyn glas o'r gweunydd.
Geill un 'feillionen fechanigen'
dynnu'n gwybodau simsan am ein pen.

O fethu treiddio i graidd cyfrinach llwch,
er deall bywiol rin y ddaear werdd
sy'n tarddu'n egin ir yn sgil y swch
ac sy'n euro'r ŷd i'r fedel bêr ei cherdd,
heb fedr i ddirnad clwm enaid a chnawd
ynom ein hunain; a chan ddygn gymhlethdod,
heb symledd i weld pwrpas clir ein rhawd,
na grym i ennill camp, gan faint ein llethdod;
podd gallwn ym mhriddlestri'n brau wyddorau
ddal ymchwydd a phenllanw y tragywydd fôr,
i gyd yn lled y pen yn hanfod Iôr?
Crynwn rhag sgrech un rhoced trwy y nef.
Beth wnelit, ddyn, yn rhu'i Daranau Ef?

Malurion

Ni rusia Duw fel dyn pan ddryso'i blan,
a mynd o edau 'i wŷdd ynghlwm dros dro;
ni reg y gwlân pan dyr edefyn gwan;
ni rwyg y patrwm briw fel gŵr o'i go'.
Chwimed Ei wennol anwel, 'nôl a 'mlaen,
fel na all meidrol drem ar we mor frau
weld pryd y Gwehydd. Ar y frithlen daen
bydd delw yr oesoedd cyn ei gwych gwpláu.
Creffais ar gwiltwaith gynt, dan gynnil law
gwniadreg, yn troi'n gwrlid glana'r plwy',
a'r clytiau clwm a gasglwyd yma a thraw
yn lliwgar gamp y llaw a'u brodiodd hwy.
Ai rhyfyg credu y daw ryw ddydd ynghyd
batrymwaith Duw o hwrlibwrli'r byd?

Y Gawod Eira

Nid mentyll claer y goedlan
a gofiaf erbyn hyn,
na pherthi'r fro'n sefyllian
fel rhyw ysbrydion gwyn.
Na; dim ond tlawd fronrhuddyn tlws,
a phrint ei ddeutroed ger fy nrws.

Nid gwych saernïaeth gaeaf
yn cynio'r ôd ychwaith:
hynny, ebr rhai, sy dlysaf,
a'r mud dawelwch maith,
ond cofio a fynnaf weld o'm blaen
brint brongoch ar y gwyn di-staen.

'Lle heno eira llynedd?'
A'r lluwch a guddiai'r llain?
Ciliodd saernïaeth rhyfedd
y myrddiwn gynion main.
Ond cofiaf fyth fronrhuddyn tlws
yn printio'i angen wrth fy nrws.

Yr Edelweiss

Gwylaidd dy liw, eithr nid oes ond y dewr a'th wêl,
a thanat oesol iâ yn risial lawr;
pa law a'th blannodd di a'th gynnal, flodyn cêl,
ym mhell anghyfanedd-dra'r mynydd mawr?

Dringais i'th ymyl, rywdro, o lanerchau'r ha',
heibio i'r olaf ffynidwydden ar fy hynt,
yno i'th gael ar bennarth moel yng nghrac yr iâ,
fel gem a gollodd un o'r duwiau gynt.

A gwae im ddwyn dy wylaidd harddwch gyda mi
o'th ddifalch lain i goegwych lawnt y dref;
gwyddai y llaw a frodiodd dy batrymwaith di
dy briod blwy'n ei greadigaeth Ef.

Y Lili

Dotiaf at ffril y lili,
nodwydd haf a'i brodiodd hi.

Balm Natur

Cerddais hyd lwybrau y grug a'r brwyn,
a gwyrthiau haf ar y Glog.
Crwydrais ym miwsig ceunant a llwyn,
a mwynder fy Nhir na n-Og.
Ces falm i'm cur mewn gellïoedd tlws
a hedd ger Ffynhonnau byw;
ces gip ar Natur drwy gil ei drws
yn briodasferch fy Nuw.

Âi llam fy llesmair trwy 'ngwaed bryd hyn;
âi cochni'r braenar i'm grudd.
Roedd blodau'r tarennydd yn goch a gwyn
yn llewychu'r mannau cudd.
Gorweddais ar ffrith o laswellt ir
a thonnau'r haf yn fy mron:
a metha F'awen ddisgrifio'n wir
gyfaredd yr oriau llon.

Fy Llong

Cerais hi'n dirion, fel llanc ei fun,
a gelwais hi'n Lili y Don.
Ffyddlon im ydoedd waeth sut y trôi'r hin,
a pha ramant fel stori hon,
                Lili y Don?

Wynned ei hwyliau uwch eigion glas!
Mil gwynnach nag ewyn y lli.
Ei hafiaith oedd gwthio o'r merddwr bas
gyda'i llyw dan fy nwylo i –
                ei chapten hi.

Nid cares y glannau oedd fy llong i,
nid diogi'r porthladd ei rhan.
Am wynt i'w rigin dyheai hi,
a'i wêc yn llwybr o ddistrych can
                ymhell o'r lan.

Heriai ei hwylbren o ruddin praff
bob croesli a chroeswynt o'r bron.
A rhoeswn fy hoedl ar ddolen pob rhaff
gan bured fy serch at hon,
                Lili y Don.

Afon Teifi

Lle plyg helygen dirf ei dail
fel naiad swil y glannau,
fe gâr yr afon oedi'n hir
a sisial cyfrinachau,
ac yna mynd pan dynno haul
ei darlun ar ei thonnau.

Lle saif y crëyr glas trwy'r nawn
i wylio'r pyllau unig,
a gwrando'n syn ar ryfedd lên
doethineb yr afonig
a gasglodd ar ei thro a'i threigl
o'r ffynnon fach, fynyddig.

Lle chwery'r dwrgwn rhwng y cyrs,
pan na bo gwae'n yr awel,
a chael eu gwala'n ffres o'r ffrwd,
a chwsg dan dorlan dawel,
heb freuddwyd brwnt i darfu'r hedd
am ddyn, na chi, na chenel.

Lle bydd yr hwyr yn oedi sbel
a'r nos yng nghrych y tonnau
y cyrch fy nhad â'i gwrwgl pleth
i daenu yno'i rwydau.

O'i ysgwydd, teifl i'r araf li
ei gwch o wiail irion
a luniodd gynt â'i ddwylo'i hun
yn ddiddos gwrwgl ysgon.

Câr lywio hwn ar Deifi lefn,
a thrin ei dryfer danlli,
a thirio ger ei aelwyd wen
a'n rhwydo ni â'i stori.

Glan-dŵr

Lle treiglai cornant risial heibio,
lle lledai derwen ei nawdd siŵr,
roedd bwthyn gwyngalch, llwyd ei fondo, –
hen goty bach 'Glan-dŵr'.

Fe wyddai'r wennol glyted ydoedd
cael gwâl i'w chywion dan ei do,
er nad oedd namyn brwyn y ffriddoedd
a guddia'i noethni o.

Yno, â'i dolciog ddôr i'r dwyrain,
y safai'r bwth lle'm ganed i.
Caffed y plas ei ddorau disglain,
rhowch ddrws Glan-dŵr i mi.

Creithiais bob astell arw ohono,
a thros ei drothwy, trois i'r byd.
Heddiw, rhown f'aur i'w agor eto,
a chael 'r hen deulu 'nghyd.

Aeth trwyddo'r olaf o'i denantiaid –
hyhi a'r galon fwyna'r byd.
Mae'r danadl gylch ei ddôr fel diriaid,
a'r trothwy'n ddrain i gyd.

Plethant yn filain am ei glicied;
rhedant eu blaenion trwy y dellt;
rhwygant fy nghalon wrth im weled
grau fy mwthyn bach to gwellt.

Llwybr y Mynydd

Dringed yr Heicwyr lle'u gwahoddo'r Hud,
gan basio congl fy lluest – cnapsach lawn
ar war pob un. Rhwng pinwydd – gwylwyr mud
y llethr – yr ânt, a rhwydi nudd y nawn.
Minnau, trwy'r ffenestr fflam, a wylia'u hynt,
cans gwelaf linell lwydwen llwybr eu nod
yn gwyro hyd at gyniweirfa'r gwynt,
lle nytha'r eryr ac ni thawdd yr ôd.
A dyna'u llef yn deffro Eco'r cwm!
Ni ŵyr y rhain yn hoen eu hienctid hwy
bod un rhwng gwaliau cul, a'i fryd yn drwm,
o ddyfod palltod oed, heb obaith mwy
gweled yr 'Edelweiss' rhwng craciau'r iâ
yn herio'r ôd, a dal pelydrau'r ha'.

...

32

Er gweld yn Neuadd y Cerfluniau drud
orchest y Meistri'n trin eu marmor cain
a'u cynion ufudd, gan roi i'r delwau Hud
perffeithrwydd manwl eu hebillion main;
er gweld, mewn llesmair, wyrthiau lliw ar fur
a chynfas: lluniau'r saint ar ffenestr ros
Abaty'r Grog; ac olrhain tristwch cur
a chwerthin afiaith ymhob gorchest dlos;
o'r aelgerth fry, gwêl llygad gampwaith gwell
ebillion anwel Duw'r dewiniaid dawn,
a'i ramant lliwiau'n troi'r ehangder pell
yn wyllt gan Hud. Gwyn fyd a'i gwêl ar nawn
fel hwn, o finion llwybr y geifr gwylltion
pan hulio Awst â haul y pinwydd duon!

Pan drengo dydd, pan huddo nos fy mro,
a'r heicwyr oll ym melys gwsg y blin,
mewn breuddwyd dringaf innau'r trum am dro,
er parlys fy ngewynnau. Deuwell rhin
na gardd y plas a biau'r grugog lain,
pan gerddwyf drwy y rhedyn clwm ar ôl
yr Hud. A phêr yw saib yng ngwylltir main
mwsoglyd – pell o drwst y dyrfa ffôl –
a'r nentydd prysur yno'n nyddu Salm
'rôl datod clwm yr Iâ. Caed arall fyw
ar lyfnder esmwyth gwastadeddau'r palm,
a meddal fiwsig pibau'r glyn i'w glyw,
cans 'Mab y Mynydd' fyth a fyddaf fi,
a'r Graig Beryglus fy Nhreftadaeth i.

Y Bannau (1)

'Sna i'n gweld fowr o ddim heddi, 'lwch chi.
Dw i ddim yn gweld y Frenni –
y Frenni Fowr na'r Frenni Fach –
on'd yw'r hen niwl ma'n afiach?

'Ond ma nhw 'na, shach-ni; a daw rhyw dŵel
i sichi'r niwl bant miwn sbel.

'Afe'r Un nath y Frenni a'r niwl, wn i?
Diw'r smog, minte nhw, ond anal ddrwg y trefi.
Ond ma niwl yn beth gwanol debigswn i.
Fidda i'n meddwl mai bleins yw e dros y ffenestri
i'n stopo ni i gnefino â'r Frenni
a blino drichid arni.

'Dyn dierth i chi te, yn y gimdogeth hyn?
Dewch miwn, neno'r dyn – diw'n tŷ ni ond bwthyn,
a'r inig beth crand obiti fe, 'lwch chi,
yw bod i ffrynt e yn wnedu'r Frenni.

'Rhyw dŷ unnos odd e ar y start, minte 'nhad,
ond i ni gwiro tipin arno fe wrth wella'n stad.
I ddrwg mowr e, slawer dydd,
odd ma un ffenest odd yn y welydd,
a drws bach ishel ishel, fan hyn,
digon mowr i figel a'i gi 'i ddilyn,
Banc Shon Cwilt yw enw'r clwt ma o'r byd,
a thrwcwn i mono fe am Linden i gyd.

'Stopwch un eiliad – mi ro i hon yn i chwtsh-hi –
sgibell o rug yw hi, ac un fach eitha handi
i lanhau biti'r tŷ.
Rwy'n reit ffond o neid sgibelli.
Os na le yn y car i chi find ag un gatre?
Pidwch gweid! Cardydd, wetsoch chi? Wel, wirione,
we'n i'n dwp i ginnig
rhoi i chi, syr, hen sgibell rug.'

Nawr, dina fel dechreues i sharad ag e.
Rown i wedi bwrw golwg dros i sgidie fe
a'i bâr o fenig (dir! Na rai glân).
'Dyn tre yw hwn,' mintwn i, wrth fod e'n dod mlân.
Rodd i gar e, chi'n gweld, wedi stopo.

Nawr, ma niwl Banc Shon Cwilt yn hen gadno.
Ma fe'n amal yn dala
hyd-nod y bobol sy'n byw ma.
Druen o ddieithried!
Ma fe rownd iddin nhw cyn winco'u lliged.
Ond i ddod at y stori –
a ma hi'n un od, coilwch fi –
fe eithon miwn i'r tŷ i gal dished o de
a thipin o baste mwyar Leisa gidag e.

Ma gan Leisa liged sharpach na fi,
a medde hi:

'Wedd ych llun chi yn y Papur ddo –
llun da a stori fach dda o dano.
Nage chi yw'r dyn sy'n dringo minidde?
Wedd ych enw chi ar flan yn nhafod i ginne.'

A thawn i marw, wedd Leisa'n iawn.
Dringwr Ev'rest dan lwfer y Tŷ To Cawn.

Y Bannau (2) –
(*Morwyn Llyn y Fan*)

'Bûm fugail llwm y Mynydd Du;
bûm feudwy ciliau'r Llyn,
fe ddyrnodd storm ein Lluest gu,
ond heddiw 'myd sydd wyn.
Ffal di ri tra la la la la,
ond heddiw 'myd sydd wyn.

'Ces Forwyn Llyn y Fan yn wraig:
a llong ei thad a'i dug
â'i gwaddol gwych i odre'r graig
yn gymar Mab y Grug.

'Pwy sydd a rif oludoedd serch?
Haws rhifo blagur gallt.
O Flodau'r Grug gwnaed gwên fy merch;
o Old y Gors, ei gwallt.

'Fel Lili'r Dŵr ar Lyn y Fan
ei chalon lednais hi.
Cân Clychau'r Bugail ar y ban
eu clod i'm gwenferch i.

'Yfory i'n clymu'n un yr awn.
Caiff llanciau Myddfai'u medd.
Cawn ninnau ffiol serch yn llawn,
a hoen, a haf, a hedd.'

…

O odre'r graig,
syllai hiraethus lanciau dros y llyn
un bore o Awst, a gweld niwl gwyn fel sgarff
yn hongian heb na lein na brigyn llwyn
i'w chynnal: yna'n newid gwedd yng ngŵydd
llygaid dyheus. Eu mam oedd yno â'i llong
liw alarch, fel y'i gwelsai gynt eu tad.
'Deuthum fy mhlant,' eb hi, 'o'm grisial lyn
i'ch cwrddyd yma.
      Cewch na throf fy nghefn
arnoch, er im roi 'ngwisg o niwl o'm cylch,
neu glaerwyn ŵn yr ôd, neu Lili'r Dŵr.

'Fe'm cewch ger llysiau gwaun a gwlydd y gors.
Tariaf i'ch tywys lle bo'r balm a'r mêl
yng nghrac y graig, yng nghil y fawnog lwyd,
a minion marddwr.
      Rhin y gwreiddyn cêl,
neu faeth y grawn ym mwtri Natur lân, –
atynt y'ch t'wysaf.
      Chwithau! Ewch lle bo
yr haint a rodio'r nos, a'r dwymyn fflam
yn rhosyn angau ar ryw ifanc rudd.
"Meddygon Myddfai"– hyn a fydd eich enw
mwyach, a minnau'n fam Ffisigwyr gwlad.
Eich clod a gerdd i blas yr Arglwydd Rhys
ynghyd â chotai'r gwreng.'

…

Yn Awst, o hyd, ar fryn y Llyn,
mor wyn â'r fflŵr,
fel delw o ryw ledneisrwydd prin,
tyf Lili'r Dŵr.

Gallt Blaenwern

Lle'r grawc greg a lle'r clegar; – aerwy'r rhos,
    goror wyllt ddifraenar;
  cnwc coed cyll, curyll a'i câr;
  tre'r rhedyn, bwtri'r adar.

Y Gamfa

Ar gyfyl dôl y meillion,
ger glan afonig gerddgar,
mae sticil syml a gwledig
lle cerfiais f'enw'n gynnar.

Rhyw wladwr yn anghelfydd
a'i gwnaeth ar lwybr ei grwydro,
nid arwain hwn i'r palmant,
ni ŵyr y dorf amdano.

Mae cen blynyddoedd lawer
yn ôl fy nghyllell heno,
cyn hir ni bydd na sticil
nac ôl fy naddu arno.

Paradwys

Taw fy mron! Mae'r erw honno – ynot ti,
    ofer taith i'w cheisio
   yng nghwr daear. Mae'n tario – lle bo serch
  aeres y Llannerch yn gwersyllu yno.

Bro hedd, dlysach na breuddwyd,
mirain ardd dan fy mron wyd.

Y Llwybr Troed

Hyd war bryn, a godre bro; – trwy'r rhedyn;
  trwy'r adwy ar dyno;
 dros y bompren at Gwenno
 i ddôr nef ymddirwyn o.

Nos Lun

Nos Lun oedd hi, a'r fintai fach
yn cyrchu'r Tŷ fel arfer;
roedd eira Ionor ar y waun
a'r iâ ar lyn a gofer.

Ond cynnes oedd y weddi a'r salm,
a gloywai'r allor yno:
'Disgwyliaf o'r mynyddoedd draw'
ar dôn *Deganwy*'n cydio.

A throi tuag adre wnaed drwy'r gwynt:
ond haws wynebu'r storom,
cans cafwyd Llusern loyw i'n troed
a'i fantell Ef amdanom.

Wedi'r Oedfa

Aeth dau i Dŷ Gweddi. Ar un nid oedd wall,
ond baich ei bechu oedd ymron llethu'r llall.

Syllai pawb ar lydain phylacterau un;
dirmygedig y llall mewn congl wrtho'i hun.

Troes dau o Dŷ Gweddi. Aeth un i brif stryd,
a'r llall drwy lôn gefn heb yn wybod i'r byd.

Ca'dd un weniaith pobl a'i alw yn sant.
Mewn cymod, aeth y llall at ei wraig a'i blant.

ENGLYNION EMAUS

Y Ffordd

Bererin pererinion! – Hwn ni chwsg,
   ni chais lety noson.
  Hwy ei ffyrdd Ef na'r ffordd hon,
  llyw'r hil at bell orwelion.

Gorau rhin y rhin a ranna – Efe
   wrth fwrdd ar awr ddua',
  a rhoi gwin i'r blin ei bla
  ar awr bêr torri'r bara.

Fel nudd haf diflannodd O – o'u sobr ŵydd.
   Gwres eu bron sy'n tario
  ar ei ôl. Aed lle'r elo,
  oed ag Ef nid â o go'.

O wynfyd gweld! Gweld heb gen! – Y gannwyll
   fel gwynias lucheden.
  Treiddio i'r cudd trwy'r nudden,
  a'r gwir llosg yn rhwygo'r llen.

Y Beibl

Na golau'r sêr i bererin, – neu lamp
   ar ei lwybr i grwydryn,
  deuwell ar ffordd hell i ddyn
  olau'i ddail, o'i wiw ddilyn.

Iter Persicum

Marchogaeth a wnes o Ispahan
fil o flynyddoedd 'nôl;
pedolau aur oedd i'm hoywfarch i,
ac yn fy nhwrban emau fy mri,
fil o flynyddoedd 'nôl.

Marchogai fy mhrydydd gyda mi
a chanai am Irán,
am olud Rustem a Rudabeh!
Fyrred y dydd a'r holl fyd o dde
o boptu Ispahan.

Heddiw, hyd heol Persia, yn flin
troediaf trwy'r llwch a'r clêr,
cyfartha'r siacal ar ein mintai wael
ac atebwn ninnau â llwon hael
yn chwys ein crysau blêr.

Mae heddiw ym mhlasau Ispahan
y bardd a'i hirwallt can?
Ni chlywaf ond ystlum ac adar y nos
yn cofio dim am yr alaw dlos
a'r moliant i'r hen Irán.

Porth y Dwyrain

Gyfynged oedd yr Ysgol a'i chwrt bach
yng nghongl y plwyf; ac megis llygaid gwrach
oedrannus, ei ffenestri. Tlodaidd fyd
fai'r eiddof pe rhoid i mi'r plwyf i gyd,
a'i fawnog laith lle tyfai'r borfa wen,
a chyrs hen Gors y Fochno'n gwyro pen.

Eithr yno gynt y gwelais rwygo ffin
fy nghyfyng fyd, a chwalu coelion crin,
cans ar y mur y crogai Map o'r Byd,
lledred a hydred hwn a'm synnai o hyd!
O! gwyn fy myd yn llanc, er culni'r gell,
yn gwrando ar hudol enwau'r gwledydd pell!

Dyfnach na dwfn Iwerydd fyth i mi
oedd hud y Dwyrain. Fel peroriaeth lli
aberoedd anwel y pellterau cêl
yn dod ar adain chwa, oedd enwau mêl
dinasoedd hen, a gwledydd a fu'n grud
helyntion pylgain dyn, a'i chwedlau hud!

Rangwn, Delhi, Iraq, Afghanistan,
hen ynys fach Ceylon,
Shanghai, Hong Kong, Siberia, Ninife,
Caersalem, Babilon.

Iorddonen, Ganges, Yangtze, Hwang Ho,
Y Môr Coch, a Galilî,
Canaan, Arabia, Mecca, a Benares,
Everest, a Chalfari.

...

Aeth ugain haf ers hynny dros fy mhen:
a heddiw, alltud wyf o'm Gwalia wen
yn Nhref Damascus. Hiraeth sy'n fy mron
am rug ac eithin llechwedd iach y Fron –
awelog lethr yn anterth haul! Rhag tes
didostur, gwae na chawn ganghennau'r mes
a noddai fwthyn mam a'u cysgod siŵr,
ac yn fy nghlyw dinc myrdd o glychau'r dŵr;
eithr hyn yw bywyd: beunydd blysio'r pell.
O gael Damascus, gwelaf Gymru'n well.
'Tua'r Gorllewin' – heddiw, chwyth y gwynt
'I'r Dwyrain' – hyn oedd llais y dyddiau gynt.

Carreg yr Aelwyd

Garreg lwyd o gwr y glyn – a'r graig oer
    a gariwyd i'n bwthyn,
  lle'r diliau llawr y delyn,
   y crud gwellt a'r cariad gwyn.

Y Crud

Ni ddeil onid eiddilwch – a baich bach
    o bob rhyw brydferthwch;
  a thyn fel gwenyn at gwch,
  ato'n wir ein tynerwch.

Pêl

Hywel oedd wrthi'n holi;
'Pam, Dadi, y sboncia'r bêl?
Dadebrais a cheisio treiddio
at wraidd y gyfrinach gêl.

Pendroni'n hir: a gweled
bod falf fach gudd ynddi hi,
ond ni allai honno ddatrys
y dirgelwch ei hun i mi.

Fe ddaw o gôl pob ateb
ryw gwestiwn arall o hyd;
mae mwy mewn pêl fach rwber
nag a ŵyr gwyddonwyr y byd.

Y Teulu Dedwydd

Ers llawer dydd
fe aeth ebol, oenig a myn,
cyw bach melyn a llo bach gwyn,
gyda chenau ci
mewn llong dros y lli.
A phan ddychwelasant i Shir Gâr
'roedd yr ebol yn gaseg,
yr oenig yn ddafad,
y myn yn afr,
y llo yn fuwch,
y cenau'n ast,
a'r hen gyw bach melyn yn iâr.

Cyn hir, wrth eu sodlau, yn llon ac iach,
fe welwyd yn dilyn chwech o rai bach.
Ac un prynhawn, wedi sgwrs fach ynghyd,
heb wybod i'w mamau, i bellter byd
fe aeth ebol, oenig a myn,
cyw bach melyn a llo bach gwyn,
gyda chenau ci
mewn llong dros y lli.
A phan ddychwelasant i Shir Gâr,
'roedd yr ebol yn gaseg,
yr oenig yn ddafad,
y myn yn afr,
y llo yn fuwch,
y cenau'n ast,
a'r hen gyw bach melyn yn iâr.

I'w dilyn hwythau, daeth yn eu tro,
chwech o rai bychain pertaf y fro.
Ac erys y stori'r un o hyd –
yn newydd a hen, hyd ddiwedd y byd:
aeth ebol, oenig a myn,
cyw bach melyn, a llo bach gwyn,
gyda chenau ci,
mewn llong dros y lli.
A phan ddychwelasant i Shir Gâr,
'roedd yr ebol yn gaseg,
yr oenig yn ddafad,
y myn yn afr,
y llo yn fuwch,
y cenau'n ast.
a'r hen gyw bach melyn yn iâr.

Malwoden

A'i thŷ *pre-ffab* mor gabol – ar ei chefn,
    cyrch ardd y dail dethol.
  Mall a du, seimllyd ei hôl;
  un ddawnus o hamddenol.

Yr Argae Falŵn

I las borfeydd yr eang wybr
y dring yr eliffantod smala;
pob un i'w briod faes a'i lwybr
a hir bendwmpio o bori eu gwala.

Ymhell i'r paith yr ânt am dro,
ymhell a'r nudd o'u cylch yn blygion,
ymguddio'n nhes eu llachar fro,
neu yng nghlystyrau'r cymyl gwynion.

Ymdroant, weithiau, fel 'taent chwil,
a'u rhoch yn uchel ar ei gilydd;
a phan gythrudder greddf eu hil,
dyheu am garlam trwy'r wybrennydd.

Ond gwydn y rhaff a'u ceidw ynghlwm
er pelled y bo'u cyrch trwy'r lasne,
mae peiriant obry'n chwyrnu'n drwm:
mae'n bryd i'r crwydriaid ddyfod adre.

Y Daith i'r Gwagle

Gwasgarwyd posteri, rhai mawr a rhai bach,
a darlun ohonof pan oeddwn yn iach,
yn d'wedyd y byddwn yn adrodd yn siŵr
hanes fy nhaith yn neuadd Glan-dŵr.

Fe gerddais i'r llwyfan a'r neuadd yn llawn
o bobol amryddawn a phwysig iawn;
a theimlent dan orfod i adael eu gwaith
er mwyn cael clywed hanes fy nhaith.

Cyfeiriais yn barchus at enw Crwshoff
ac am ei hynawsedd i'm gweled i off,
a'r eiliad y gwelais y dorf yn fy llaw,
fy nhafod ar unwaith lefarai'n ddi-daw.

Roedd y *cabin* cyfforddus yn gynnes a chlên,
heb neb yn stiwardio fel Swyddog y plên;
wel, dyma o'r diwedd fy nefoedd i mi
a chyfle rhagorol i fyned ar sbri!

Roedd gennyf wrth law ddigonedd o win
a phob rhyw gyffuriau rhag teimlo yn flin,
a gwely fel melfed, er nad oedd o blu,
lle na feiddiai chwannen ddod ataf yn hy.

Ar drawiad fe'm gyrrwyd yn sydyn i'm taith,
'rôl oedi deng munud difrifol o faith,
a chyn imi prin gael eistedd i lawr
roeddwn fil o filltiroedd ar adain y wawr.

Wrth edrych i lawr trwy'r ffenestr gêl
mi welwn rywbeth tebyg i bêl,
a chofiais y wers yn yr ysgol gynt
fod y byd yn grwn ac yn troi ar ei hynt.

Pan dd'wedai yr awrlais uwch ben fy mwrdd
fy mod i gan mil o filltiroedd i ffwrdd,
yna dechreuais chwenychu bod Gwen
yn dod gyda mi i'r seithfed nen.

Wrth lithro yn esmwyth heibio i'r sêr
rwy'n sicr im glywed rhyw ganu pêr,
a chofiais rywbeth o'r Llyfr sy'n wawd –
fod y sêr yn canu wrth fynd ar eu rhawd.

Awd heibio i'r lloer heb lawer o stŵr
wrth lyncu asprin a glasiad o ddŵr,
ond dallodd y golau fy llygaid yn lân
a chredais yn wir fod y *cabin* ar dân.

Fe welwn yr haul fan draw ar y dde
pan oeddwn yn yfed cwpanaid o de;
wrth deimlo yr amser dipyn yn hir
daeth pwl o hiraeth am weled y tir.

Ond wedi cael swper o gwrw a chaws
a thamaid o'r ffowlyn, newidiodd y naws,
ac wedi cael blaen y newyddion am naw,
gorweddais i lawr i gysgu'n ddi-fraw.

Deffroais yn sydyn, a chael fy hun
mewn gwagle difesur, diamser, di-lun,
a chofiais eiriau athroniaeth Kant:
'nid yw amser a lle ond breuddwyd plant'.

Cael troi mewn gwagle di-nos a di-ddydd,
cael bod, mewn gwirionedd, yn berffaith rydd,
yn rhydd o gaethiwed anorfod y llawr
er mynd yn gyflymach na golau y wawr.

Heb weled un dyn na theimlo un duw,
rhyw brofiad ofnadwy oedd meddwl am fyw;
a chyn i'm synhwyrau fyned yn fflam
cofiais yn sydyn am gyngor fy mam.

Pwysais y botwm, a dyma fi'n ôl
yng nghanol gwareiddiad dynionach ffôl
yn hanner addoli rhyw hurtyn fel fi
a fu yn y gwagle am dro ar ei sbri.

Y Drych

Dameg bur ar foduro – yw 'rho drem
    i'r drych, a dal arno'.
  Gwêl lun dy berygl yno,
  a bydd ddoeth i'w rybudd o.

Y Pwmp Petrol

Pan welais Steddfod Powys
yn cynnig gwobor fras
am gân i Bwmp y Petrol,
fe deimlais innau ias
yr awen flin o dan fy nghroen,
a theipiais hon i leddfu 'mhoen.

Ble gwelir cymwynaswr
prysurach erbyn hyn?
Mae'n arllwys bywyd cyson
ar lechwedd ac ar fryn,
i yrru pawb i'w daith yn llon
a throi peiriannau'r ddaear gron.

Fe'i gwelir erbyn heddiw
ymhob rhyw gwmwd cul
ar ochr ffordd Macadam
yn brysur ar y Sul;
a mawr yw'r moliant iddo fo
nad yw'r olwynion oll dan glo.

Fe saif wrth ddrws y Bedol
heb chwennych dim o'i gwin;
fe saif ar gyfer Bethel
heb brofi dim o'i rin;
ond arllwys bywyd yw ei fraint
i bechaduriaid ac i saint.

Mae yntau wedi blino
pendwmpian wrtho'i hun,
ac wedi profi bellach
fod dau yn well nac un;
a gwelir ef a'i gwmni mwy
mewn dinas grand a blaen y plwy'.

Ceir rhes ohonynt weithiau
fel sowldiwrs ar barêd,
pob un o'i ben i'w sawdl
'run taldra a'r un lled;
ond os ewch chwi ryw gam yn nes
cewch weld fod rhai'n cael mwy o bres.

Fe wisgant mor ddeniadol
i ddenu trwyn y car
sy'n teimlo mor sychedig
ar ôl anadlu'r tar,
a hyfryd fydd cael llond ei fol
o'r olew peraidd heb ddim lol.

Er nad yw'r pympiau hawddgar
yn gofyn yr un pris,
mae ambell un yn uchel
a'r llall yn dipyn is,
ond tystia wyneb gonest iawn
fod y mesur i chwi'n llawn.

Hen bwmp anwyla Modryb
yw'r pwmp sy'n rhoddi Shell
er fod Esso Extra
ychydig yn fwy swel,
ond os am fynd i siwrne bell
y mae y Golden eto'n well.

Mae'r Pwmp a'i dras o'r diwedd
yn llywodraethu'r byd,
gan yrru yr olwynion
yn gynt a chynt o hyd;
a ddaw y byd i ben ei daith
pan baid y Pwmp â gwneud ei waith?

Yr Hen Flwyddyn – Wrth Farw

Rhag tybio o neb im gefnu'n simsan
neu fy nhroi'n fusgrell-dlawd o'm rhod,
a'm cyfrif yn ddeuddengmis truan
heb euraid funud imi'n glod.

Troes lle'r oedd cadlu o longau'n araf
gyrchu doc Murmansk gyda'u stôr
a phrintiais f'anfarwoldeb claearaf
ar dudalennau glas y môr.

A lle y mae'r gwyll yn toi'r penrhynion
a gwaedd y rhewynt drwy'r wyllt nef,
rhois 'ddeau helynt' i leng eon
marsiandïwyr gyda'u hescord gref.

Troi lle'r oedd rhengoedd Rhyddid daear
yn wrthglawdd dur rhag bryntni brad,
a phlennais ym mro'r gwae a'r alar
flodeuyn Gobaith am ryddhad.

Gedais ar drumau, cyn fy myned,
lewyrch rhyw hyder cryf i'r byd;
'ym mrig y morwydd' mae 'sŵn cerdded'
y wawr wrth gasglu'i grym ynghyd.

Suddlong

Dirgel ei llwybr drwy gôl y lli – a'i gêr
    anhrugarog ynddi.
  Un o helgwn y weilgi;
  demon y don ydyw hi.

Y Propagandist

Galwai am waed, a'i fron ei hun dan glo;
o'i sedd felfedaidd, gyrrai â'i sgrifell hael
yr ŵyn i'r lladdfa. Hwn, ag efydd-ael,
liw dydd a heuodd efrau lond ein bro
yng nghochl cymydog. Troes ein gwlatgar fryd
yn drwyth anghymod a gelyniaeth ddall.
'Lluniais', ebr ef, 'eurgadwyn geiriau call
i'ch tywys, nychlyd dorf, i'ch priod fyd.'
Ymbesgodd ar ein swrth gysgadrwydd ni,
ac ymfrasâi ar ofn ein llegach fron.
Rhag dwyn ei wg, o amau'n 'proffwyd llon',
ninnau a'i haddolasom megis Rhi,
llyfasom oll, yn ŵyl, hualau heyrn;
a gwnaethom bropaganda'n hapus deyrn.

Lleisiau Mewn Gardd

'Ugain bomiwr yn eisiau, o gyrch ar y Ruhr.'
'Aeth Churchill dros Iwerydd dan ei escort siŵr.'
'Dacw'r mwyeilch yn gwlychu'u heurbibau'n y glaw,
cyn dechrau'r gymanfa o'r llwyn arel draw.'

'Nid oes gwpon yn weddill, na gobaith am siwt.'
'Wel, dyma'r fwyalch gyntaf yn tiwnio ei ffliwt.'
'Y mae'r wraig er ys oriau mewn *queue* yn y dre'.
'Gŵyr y *greenfly*, heb *boints*, ble i gael cael cinio a the.'

'Wedi cweryl go ffyrnig, mae adar y to
yn ffrindiau cymodlon ar nen y tŷ glo.'
'Bydd ennill heddwch Iwrop yn dreth ar bob dawn,
rhaid wrth rymus warchodlu am gyfnod hir iawn.'

'Mae nef lle bo adar a blodau a choed.'
'Mae staen gwaed ar y dalar lle rhydd dyn ei droed.'
'Cerdd Duw trwy ardd hadau gydag awel y dydd.'
'Ond daeth Rheibiwr i'r winllan fel mellten i'r gwŷdd.'

Dialedd

Adladd dialedd – dolur,
ni edy cad onid cur.

Craith

O'i chael drwy ymrafaelio, – ery 'i hôl
    wedi i'r helynt gilio,
     ni chewch heddwch o'i chuddio;
     daw'ch camp o'i chodi o'ch co'.

Y Berllan

Yn ôl dros gulfor perl Mesina,
hyfryd dychwelyd wedi'r drin;
daw gwanwyn gwlithog eto i Gatania,
i lasu'r berllan grin.

Ond gwelais lafur f'oes yn fflamio,
a'r mwg yn troi'r colfenni crwm,
rhydd Mair Fendigaid ei thiriondeb eto,
ar bridd fy lleindir llwm.

Daw, eilchwyl, drydar adar iddi.
Tyf sawrus goed i rwydo'r haf.
A lle bu baedd y coed yn tyrchu, tyrchu,
ceir cynaeafau braf.

Caf drin fy mil glystyrau gemog,
a hithau, f'annwyl, gyda mi,
a thes y berllan yn ei heurwallt cyrliog,
ac ar ei modrwy hi.

Gwaed

Petrusgar ffo, disymwth aros;
enbytaf cwyn, a rhuthr drachefn –
ysglyfaeth y gyflafan agos.
On'd hyn yw'r drefn?

Dibetrus gyrch y fronwen flysig,
llygad a ffroen ar sicraf hynt;
erlynydd glwth ar drafael ffyrnig –
a *hi* sy 'nghynt!

Am wddf y sypyn nerfus torcha.
Nid hir yr erys i lyo'i safn.
Derfydd am gryndod un; a sugna
y llall bob dafn.

Toster

O'r llaid, yn sypyn pluog,
y codais frongoch friw,
ger bôn yr onnen ddeiliog
oedd ir ei lliw.

Ac O! Ar ei hadanedd
roedd cochach staen na'i bron.
Gwae'r balf a'r llym ewinedd
a fathrodd hon!

Trwy'i phlu ni cherddai cryndod,
i'w llygaid nid oedd fflam.
Chwiliais am nyth ddiwarchod,
ddi-fwyd, ddi-fam.

Ac yno wrth fôn y glasbren
rhwng irddail dodais hi.
Ac Ebrill ar y darren –
Efô a mi.

Tariais i chwilio'r tew-wrych
am nyth a wyddai'r cam;
ond yn y drain, gweld llewych
dau lygad fflam!

Ymaith y ffoes yr euog!
Bydd heno wrth dân fy mwth,
yn llyo'i phalf ewinog,
a chanu'i chrwth.

A fflam ei thoster creulon
yno yn llariaidd drem,
fel Natur Fawr – mor dirion
a ffyrnig-lem!

Ar y Gweunydd

I'r gweunydd daeth dydd o lid oer, rhysedd
treiswyr diddigrwydd, –
garsiwn a'u cŵn yn y ceunant,
antur byddin y trybaeddwyr.

Rhag niwed i'w thwr o genawon,
greddf mam, o'u gorweddfa, a'u myn
drwy dywyll, ridyll droadau
i gulfwlch a fu'n untro'n gylfat …

Rhwng cyrs, mae gwawch a rhinc arswyd,
aflan lafoerion ar weflau;
a Gefel, arch-helgi, o'i afiaith
yn yr hafn yn ysgythru'r rhisgl.

Esgud yr â'r ast gyfrwysgall,
a'i phryder yn lleuer i'w llywio,
dyhea o'i henbyd wewyr am dawel
lain gêl ei hen geulan.

Sŵn corn y cynydd sy'n y cwm
a'i nodau fel crïau crëyr.
'Gollwng!' – ebr crochlef ar Gefel,
a'i ên ddur ar gnapiau'r dderwen.
Ni thau dygnuo bytheiaid
o drobwll i drobwll, ar dreigl, yr ast
dan eu trwyn a'u twyllodd.

Ofn

Hon yw awr hud crwydrad ysbrydion;
awr gwdihŵ o'r brigau duon;
awr ias yw, ym mro afon; awr Lilith;
awr oed lledrith, diriaid a lladron.

           …

Ofn nwyon hydr; ofn y nadredd; – ofn brad;
    ofn brudiau hygoeledd;
   ofn dagr eon creulonedd;
   ofn byw'n fwy nag ofn y bedd.

Liw dydd, gweld blodau addwyn – aroglus
    yn gareglau gwenwyn.
   Gweld teryll ellyll mewn llwyn,
   a hunllef mewn mireinllwyn.

Dwg nos giaidd fleiddiau – gerwin eu gwawch,
    ar gringochion balfau –
   nwydwyllt dafodlaes heidiau,
   a'u cyrch amdanaf yn cau!

           …

Beth yw dyn rhagor gwyfyn i'w gofio? …
Dafn o ewyn ar foryn pan ferwo;
rhawn edefyn o'i freuder yn deifio
ar wŷdd Amser cyn ei hanner-lunio!
Dwy haddef a roed iddo – cell a bedd;
a lle'i annedd fydd yn dywyll heno.

…

Gwybydd yr Ofn a ddiffydd yr ofnau, –
a dyr rwyd aethus dy gaethder dithau, –
yr Ofn sydd a'i rad yn troi'n ganiadau
i'r unig wir Dduw, sef Duw y duwiau,
hyn a chwâl ddreng hualau – athrist fron,
rhydd yw'r galon y rhoer iddi'r golau.

Gwrtheyrn

Dieithria'n calendr. Daeth awr encilio
o'r Eryr-faner a'r hir Rufeinio;
daeth gwellaif y gogleddwynt i'n cneifio;
awr i gŵn Odin am furgyn udo;
gwae, weithion Frython a'i fro rhag trillu
malais yn rhythu ym mlys anrheithio.

Ar y gwelw loerau cyryglau Erin
yn her anwar o gylch ein penrhynion;
gwae o dueddau Manaw Gododdin
ac adwyau clawdd Isgoed Celyddon.

…

Oer glai, mwy, yw amdo'r glewion; – ac oer
    garn beddau'r t'wysogion;
   oerach brwnt ddihirwch bron
   brathwyr y trichan Brython.

Yr Argae

...

Ym merw gwae'r oedd Cymru gynt;
dyddiau'n Lloegreiddiad oeddynt;
pla'r ysglyfgwn barwnaidd –
Harri'n bennaf, blyngaf blaidd;
Gwynedd yn darged heddiw,
fory, hi, Bro Ddeau'n friw.

Oerddur crafanc gwanc yn cau, – y trythyll
        yn Catreithio'n parthau;
    a hi'n gwlad, gan raniadau,
        heb rym yn ei gwrthglawdd brau.

Oerddu nos! Bu'n henfeirdd ni,
drist-gôr, yn wylo'r heli;
mydru'r gwae, gweld argaeau
eu bro yn gyrbibion brau.

...

Ym môn mieri, gerllaw'r Maen mirain,
llechwn yr eildro wedi'n llithio i'w llain,
yn fud, yn si'r awel fain – y safwn
wrth y Maen hwn. Ni, wrthym ein hunain.

Toc, dadebrodd modd y Maen mud, – a llun
    llaw henwr yn symud
  'mlaen-ac-yn-ôl drom olud.

Her y llaw'n gwysio'r lluoedd
â mawr rym. Llais Cymru oedd:

'A welwch-chi'r lli dan dröell awel,
a llwydni nos yn lledaenu'n isel?
A glywch-chi ru'r gweryru ar orwel,
a'r aruthr dwrf draw 'rôl cronni tawel?
'Ŵyrda Gwalia! Pwy a'ch gwêl – yn coledd
mirain eiddigedd – gwneud Cymru'n ddiogel?

'Awr lleng ddyfal fandalaidd! – Hon yw hi'n
    hawr apocalyptaidd!
  Awr a grin Gymru i'w gwraidd;
  neu ferth awr torf Arthuraidd?

'Staenir f'ystad gan lysnafedd cadau;
erys eu hyll ddelw ar wersylloedd Iau,
chwiw afradus, lle gynt chwifiai'r ydau;
ym Mlaenannerch, ymgudd milain ynnau;
i'r Mamoth-wanc, dwyn llanciau – trwy orfod,
er rhoi arnyn nod yr heyrn-eneidiau.

'Ym mhraw'n hoes, rhoed Cymry'n her – i'r Annuw
    lw'r henwr a'i hyder,
  ys cry'r sawl y swcro'r sêr
  ei ffydd fel nas diffodder.

      …

'Dygwch i'm gwarchfur ddur y fron ddewraf;
rhuddin enaid, heb bydredd yn anaf,
yna, rhag gordd gwylltfor caf – y drud hedd,
a wna 'nhiredd yn gyfannedd fwynaf.'

Fforest

Lle gwair ac ŷd fo Lloegr gain; yna rhoer
    Cymru wen dan lydain
  fforestydd, yn rhydd i'r brain,
  heidiau glandeg o Lundain.

I Iaith Farw

Mae angof creulon dros ei cheinder gwir
a'i hatsain yn ei bro ers tro yn fud.
Y minwin porffor a'i cyfrifai'n ddrud
gan acen bêr sy'n llwyd, sy'n llwch yn hir.
Mewn plas na bwthyn mwy ni chlywn ei swyn
ar lwyfan chwaith ni cheir ei deusain hi,
yng nghanol bywiog a pherorol li
ei threbl a giliodd er mor ddwyfol fwyn.
Mae gwacter ar ben ffair a ffatri'r ffysg
am wywo o'i thegwch ar wefusau gwin.
Mae pabwyr tebyg gwêr mor bŵl y llysg,
eu llên ymron a'i gwadodd ar eu min.
Does mwyach namyn un er chwyddo'i ddysg,
yn olrhain gwyrthiau'r iaith hyd femrwn crin.

Y Goror

Fe dreuliais ddeugain mlynedd ar y ffin
rhwng Cymru a Lloegr, heb deimlo berw gwaed
yn fy ngwythiennau, ac heb sugno rhin
un memrwn hen am ornest y gwŷr traed.
Ond diarwybod im, o ddydd i ddydd
fe gludai'r awel fêl o'r traethau pell
i'm ffiol frau, a than belydrau ffydd
canfûm yn glir mai hwn yw'r golud gwell.
Wrth droi fy oriau chwim yn fara glân
i'm gwraig a'm plant, y dysgais innau fyw
yng nghwmni'r Sais, heb ofni colli'r gân
yn sŵn y lleisiau cymysg ar fy nghlyw:
mae deufor dau ddiwylliant yma'n cwrdd
a gadael perlau'r goror ar fy mwrdd.

Y Seren Ddydd

T'wynna, pan wypo llanc yn nwfn ei fryd,
mai hi 'lliw'r blodau' biau'i galon,
ac yna, – cân hyfrydlais lond y byd,
o fyrdd a mwy o dannau tynion.

…

Llywia, pan gyfyd ynom obaith rhos
y troir cleddyfau'r byd yn sychau,
Seren y cyfddydd! Ysgafnha ein nos
ac arwain ni at Ddydd y dyddiau.

GENEVA

Ti Ddinas Hedd!

Bychan yw'r Gronyn Aur,
eithr tyn y gwanwyn o'i gnewyllyn cudd
gleddyfau'r blagur, gan droi'r llechwedd âr
yn gadfaes 'bywyd annherfynol'; trech
ei lafnau glas na llengoedd grymus tranc;
pwy omedd d'alw dithau gan dy blant –
'y gronyn mwsg a berarogla fyd!'

...

Ti Ddinas Gain! Mae heddiw'r Ceyrydd hen?
Mae twrf tabyrddau trin, a'r cleifiau dur?
I'th warchod mwy rhag rhuthr y cad-weilch rhwth
nid erys maen o'r gaer a'th noddai gynt:
eithr dyrch pinaclau claer dy Demlau Hedd
gan wanu'r wybr, a thua'r ôd di-staen
cyfeiriant byth. Lle staeniodd mygdarth mall
allorau Iau, ceir lliain bord y Crist
mor wyn â'r garthen garlwm sydd ar daen
ar ael Mont Blanc. A lle bu tincian eirf
rhyfelgar Tubal Cain, fe gluda'r chwa
aroglus o'r perllannau gwin, a fflur
yr Ariana, gainc y clychau 'nhŵr
hen eglwys Sant Pierre. A'u clywodd hwy
a ŵyr mor felys yw hyfrydlais hedd:

Cenwch i'r Newydd Oes,
chwi glychau cain,
'Bri Iau am byth a ffoes,'
ebr rhain.

Gelwch i gysegr Crist
a'i gymod Ef;
cân gobaith i fyd trist
fo'ch llef.

Cenwch, nes chwalo nos
gelyniaeth byd;
cyfarchwch y wawr ros
ynghyd.

Tiwniwch i'r Newydd Oes
eurglych y main.
'Bri Iau am byth a ffoes.'

Atat dylifa'r cenhedloedd,
cyrchant dy Neuadd Hedd,
dysgi benaethiaid teyrnasoedd
oferedd rym y cledd.

Sefi dros freiniau'r fechan
yng nghynghrair gwledydd y byd,
plygi'r Pwerau i'th amcan
er cyndyn fryd.

Noddi, rhag bryntwaith Mamon,
lleddfi ein cyni trist;
Ddinas ein Gobaith weithion!
A Morwyn y Crist.

Yr Ynys

Gwales lom! Dengys glas li
ôl y dwrn caled arni …

Fe'i rhwygwyd o fru eigion, –
yn wawd gwynt dig, degan ton.
Stripiodd anrhefn hi'n gefnoeth,
a chwerw nawr ei chern noeth:
hon yr ynys druanaf
a'i llun hi heb feillion haf.

…

Ond duw hen, cyn rhawd hanes, – a enwodd
   ei thwr meini'n 'Lloches';
  denai nudd amdani'n nes
  er bugeilio crib Gwales.

Gwnâi gannoedd o gregyn gwynion, – cawgiau
   cegin môr-forynion:
  a llawer clwm o wmon
  a drwsia'r duw'n dresi'r don.

Seintwar yr adar ydyw;
oriel nyth yr wylan yw.
Y moel gwr sy'n gwmwl gwyn
a'r fro fel tryferw ewyn
danynt – y lleng adeiniog, –
ar gribau y creigiau crog.

…

Mi ddôf am drem i Ddyfed, – i olwg
    Gwales ac i glywed
cainc o'r oes ymhell cyn Cred,
o wiw rin ar ei hyned.

Gŵr o Ddyfed, – rhyw gyfarwydd medrus, –
cyn eu colli hwy, y ceinciau lliwus,
a'u troes yn llên awenus, gloywaf gwaith,
mirain goronwaith memrynau graenus.

…

Ond Heilyn fab Gwyn wnaeth gynnwr'; erioed
bu'n chwilfrydig fentrwr.
enaid dyfal, rhealydd,
a'i ddant yng nghoelion ei ddydd.
Wfft i'r ddôr! Troi'n agorwr
ydoedd ei fryd, ddifraw ŵr;

ac ar hyn, sŵn gerwino
o du'r rîff, fel awel dro

…

daeth awr dadrith lledrithion: distaw-wyd
a diriniwyd cân Adar Rhiannon.

…

87

'Datgudd y Mad Cudd' fydd cân
Gwales o graig y geulan:

Brodio rhithiau ffantasïau,
hen gelwyddau golau'r galon;
gwlân mewn clustiau rhag cloch ffeithiau,
rhag i'r seiniau ddrygu'r swynion;
byw'n ein doeau ar ffasiynau
dyddiau'r tadau yn ein tudwedd;
cloi'n traddodiad â 'Drws Caead'
rhag ymyriad, – gwawriad gwiredd.

                    …

Ond 'nôl i wlad yr adar – i le'r chwedl
        a'r chwa, yn llawn galar,
    i'r erw bell draw ar y bar – hwyliaf fi,
    o henfro Dewi ac o ferw daear.

Icarus

Er eu byw ym more'r byd, – deil eu chwedl
    wych win 'blas y cynfyd',
  stori poen, stori penyd:
  dafn o bêr Homer o hyd.

Arloesi'n yr awyr lasaf – i wyrf
    irfaes y sêr gloywaf;
  adeinio fel dianaf
  heidiau rhydd yr adar haf.

Fel gwennol i gôl y gwynt; – fel hebog,
    y rôg â phig rhwygwynt;
  fel y gog, 'leni, fel gynt
  yn rhydd wau drwy ddeheuwynt.

Uwch ac uwch i'r entrychion – dring y llanc,
    dreng yw llais cynghorion;
  pŵl yw Pwyll, gannwyll gweinion:
  ond dôr braint yw menter bron.

Dau Lais

Wedi darllen cwpled Meuryn:

'Gwelais long ar y glas li
yn y gwyll yn ymgolli …'

Deulais a'm geilw,
a gŵyr y ddau ddewin glyngar
a'm cyfarch
awr yr awel yn y bae.

Gan bwyll y'm cyrch un,
gan bigo'i eiriau
a'u hatalnodi,
fel y gwna diferion glaw
bigo'u ffordd ar baen ffenestr.

Anturus y llall,
a'i eiriau'n rhaeadr.

Ar lyfngroen y naill
nid arddwyd rhych gan gylltyrau gwynt;
ac ym merddwr ei lygad nid oes sbonc
bwrlwm annisgwyl.
Ni chais long ar grychias li
na gado'i gei o hud ei gell.
Ar wedd y llall,
lliw browndywyll. Wybrennau dieithr
yn para'n lasliw ym myw dau lygad meistr.
Ni wyra'i lygad o orwel eigion.
Yn ei lafar, mae llafar pell li:
a daw i'r geiriau hud aur y gorwel
a gwaedd ferth y tragywydd fôr.

                    …

Heddiw, gwn gwŷn anniddig
fel hiraeth gwennol am gôl y gwynt …
Fel helgwn
a'u tseiniau'n straenio i'w dal,
blysia 'ngreddfau am win coch
gwinwryfoedd antur,
a diod gadarn perygl y penrhyn pell.
Bu dydd pan wyddwn y clwm
rhyngof â phridd fy mro;
ac nid oedd arogl perach
na ffrɛ3ni âr
y tyddyn gwyn lle'm ganed.
Digon y golud agos
i'm dal wrth fy nghwmwd i.

Ond:
'Gwelais long ar y glas li
yn y gwyll yn ymgolli …'

A thorrodd gorthrwm y clwm clai.

Ni welodd y llanc Raleigh
ar gei, ryw fore gynt,
hud Iwerydd yn rhwydi euraid
yn dal hoen ei enaid ag annidol linynnau
yn loywach, grymusach na mi.

Yr Adar

Y mae i bob aderyn ei lais,
a'i gân ei hun.
Nid oes yr un aderyn a gais
ei wadu'i hun
a bod yn rhywun ond ef ei hun.

Fe roed i bob aderyn ei gân –
un newydd sbon;
ei chathl i'r eos, ei chrawc i'r frân;
bid leddf, bid lon,
yn ôl y ddawn a roed ym mhob bron.

Od oes i eos ar ddirgel frig
felysach sgôr,
y mae i'r frân a grawcia'n y wig
le yn y côr
o leisiau annwyl sy'n moli'r Iôr.

Alltud

A'r Môr Nid Oedd Mwyach (1)

Un, er dod lludded hwyrddydd,
bob cyfnos gyrch ar droed
i'w gyfrin gilfach lonydd,
a'i sanctaidd oed.

Yno, ym myfyr, gwylia
(a'i fron o ferw'n stôr)
Effesus Wen – Em loywa' –
tu hwnt i'r môr.

Alltud yn unig wybydd
yr ing o'i gwylio hi,
pan, rhyngddo a'i heolydd,
dychlam y lli.

Dywaid, a'i lygaid dwysion
yn gloywi gan ddieithr dân,
y Brud a liniara'i galon,
yn angerdd cân:

O Fôr, gwae di a ledi d'eigion
rhyngof a'm mamfro i,
ni ddawr dy li fy nghwyn hiraethlon;
ni thau dy ddwndwr di.

Crwydraf heno'r tywod melyn,
a'm trem ar orwel pell.
Un yn unig ŵyr fy nhwymyn,
yn fy nghyfyng gell.

Megis mur diadlam beunydd,
yw'r don a'i dyfnder du;
gwae yr alltud a'i dargenfydd,
gwae a glyw ei rhu.

Egyr haul ar awr y machlud,
lwybr perlog uwch y gro;
hyd-ddo, O, na allai alltud
fwrw i'w dref ar dro!

Wylain nerfus, pam y troellwch
uwch hesg y lan a'i chraig?
Yn chwim, hedwch, minnau cludwch
adref dros yr aig.

Nid ystyr eigion lef amddifad,
ni chlyw y gwylain hi;
diadlam fur y môr sy'n caead
am ei gell a'i gri.

Er rhoi'r cnawd yng nghadwyn greulon,
ac alltudio'r proffwyd hy,
gwêl efe drwy'r barrau culion
y Gaersalem fry.

Caeed byd ei ddrysau arno,
bolltied hwy'n ei ffyrnig fryd,
egyr Duw ryw ffenestr iddo,
a gwêl decach byd.

Cenfydd Nef a Daear newydd,
cyfaneddle Duw a'r Oen,
ac enfysau Gras yn geyrydd
i'w thragywydd hoen.

Yno'r ery'r Dinasyddion
fyth yn llon a diwahân,
ni eill môr fyth ysgar weithion
'rif y tywod mân'.

Dygir iddi yr alltudiaid,
yr unig roir mewn teulu mwy;
gwynfydedig ddinas ddiddan,
heb na chlais na chlwy'.

Gefnfor aruthr, na bydd ddigllon,
a phaid â'th ddwndwr trist;
is dy donnau, huna'r meirwon
heb na maen na chist.

'Alltud trist', ebr llais i'm llonni,
'daw llef Archangel Iôr,
gwysia'r meirwon i gyfodi
o dylathau'r môr.

'Clywant hwythau'r wŷs gadarnfloedd,
yn goedd o'u celloedd cau,
diofn dyrrant o'r dyfnderoedd
a ffy'r môr o'i ffau.'

…

'Alltud trist', ebr llais digryndod,
'gwêl deced Dinas Hedd;
gwae ni ddring i'w Thŵr i'w ddatod,
bwystfil mall nis medd.

'Derfydd yno ymchwydd gofid,
"Sŵn y boen sy'n y byd,"
derfydd gwawd, a derfydd erlid,
a'r môr dry'n wydr i gyd.'

Caned y telynau euraid,
a chwydded mawl yr Oen,
dygir adref yr alltudiaid,
a daw byd heb boen.

Methrir rhwysg y bwystfil ffroenwyn,
trech Cariad fyth na chas;
yn lle môr gwallgofrwydd gelyn,
tardd ffynhonnau Gras.

Fôr Diorffwys

A'r Môr Nid Oedd Mwyach (2)

Fôr diorffwys, pa gymhelri
tragywydd sy'n dy fron?
Dydd na nos byth ni lonyddi,
ac ni flina'r don.

Pan fo leddfaf dyri'r awel,
pan drymaf fo'r prynhawn,
dringi di y draethell dawel,
pan na sigla'r gwawn.

Ennyd, cilia'r brodwaith ewyn,
eithr cronna d'ymchwydd rhwth,
yna berwa'r dyfnder brigyn,
gwinga megis glwth.

Fôr diorffwys, drych wyt weithion,
o'r gwae sy'n nwfn ein bryd,
cronna, a thyr yn wallgof drochion
ar draethellau'r byd.

Meithach na'r môr yw serch y galon,
cryfach na'r penllanw yw,
drosto pletha dwylo cyfeillion;
llama eneidiau byw.

O Fôr, fe baid dy ymchwydd enbyd,
a thwrf dy frochus don,
lonydded wedi blinder bywyd
fydd yr Orffwysfa hon.

Fel Cynt

Ar lan môr y dysgit gynt
ddamhegion Galilea.
Cyfeilio'r gair wnâi'r don a'r gwynt
pan draethit wrth y dyrfa.
A'r hen long yn closio at y traeth,
a'i hangor wrth y cei yn fodlon-gaeth.

Ar lan y môr y dysgi di o hyd, –
Tydi'r Mordwywr dwyfol.
Dibrin stôr Dy sanctaidd fryd
yw llif Dy eiriau grasol.
Mor agos atat wyf yn odfa'r traeth,
gwêl, Iesu, f'angor innau'n fodlon-gaeth.

Ar lan y môr nid oedit gynt.
Clywais yr her ddiango'
sy'n nhreigl ton, sy'n si y gwynt,
ac wrth yr hwyliau'n plycio.
'I'r dwfn', fel cynt, y'm taer gymhelli i.
Beiddiaf, a'm llyw'n Dy law, feithderau'r lli.

Y Ddinas

Yma mae cydfod heb y cydfyw;
y cywasgu o raid nid y cymhathu o fodd;
yma mae dinaswyr nid dinasyddion,
fel gwiail gwahân
yn gwrthod y llaw a'u gwnelai'n gawell pleth;
yma mae'r haid-wenyn lond y blodau-papur,
a'r cychod yn ddi-fêl.

       …

Dan fwa'r bont,
llif y dŵr du fel gwaed septig:
a thros y bont
llif y dorf ddu fel dail Tachwedd
lle y mynno'r chwa,
ac fel y mynno'r chwiw.

       …

Hyd lannau'r canel llysnafeddog –
fel haid o ddrudwy ar forfa frwynog,
a chysgod disymud curyll uwchben –
mae tai plith-draphlith y tlodion
i gyd yr un lliw,
i gyd yr un tawch;
ac fel cysgodluniau
yn mynd a dod fel munudau dydd
di-wên ac undonog,
dirwyna'u tlodion drwy'r rhewynt i'w haelwydydd
yn llwm a llesg.

Ffenestri

Chwychwi yw'r dellt yn ein tŷ o glai,
ein protest rhag y pridd.

Heboch
un a fyddem â'r wadd,
y dylluan
a'r 'fall a gydfydd a'i gallawr'.

Yng nghyfrin gynghorau'r archwahaddod,
yn llên apocalyptaidd y tylluanod,
yn llyfr cronicl rhyfeloedd brenin yr ellyllau,
chwychwi yw'r gelynion.

Trwoch,
y mae i ni gymun â'r haul,
â'r gwybodau,
ac â thrigfannau goleuni.
Eich gwydr yw drych gwawl
a phob paen yn afeniw'r weledigaeth.

Tynnaf eich llenni
a throi'r cut clai yn academi deg.
Gwaeth yw cramen llwch
ac ystaen smog
ar ffenestr yr enaid
na bawlyd gerpyn am lwynau.

Pe rhoid i minnau ddoethineb Daniel
ni'm rhusiai llewod.

Aur

Os aur a bryn bleser brau,
aur a fed hir ofidiau.

Er y mawl i'r aur melyn
aml y drwg a ddwg i ddyn.

Er meddu aur banciau'r byd
ni ochel hyn afiechyd.

Hen dad ei adfyd ydyw
aur ei bwrs i bob gŵr byw.

Ceisio Gem a Chael Gwmon

Breuddwydiais innau'i gael –
  ruddem y gemau drud! –
A'i enw: 'Dedwyddyd hael'
  difarw ei hud.

Ac wrth anwesu 'ngem,
  llonnach na'm bro ni bu.
Eithr syllu! A than fy nhrem
  gweld gwmon du.

I'r anwel y ffy byth
  fy ngweledigaeth dlos
megis y cilia gwlith
  pan gilio nos.

I'w herlyn, trof i'm hynt:
  erddi wynebaf i
labrinthaidd lwybrau'r gwynt,
  a'r meithiaf lli.

Yn eiddgar, heliaf i'r
  ehangder swrth di-lef,
yn farchog ar gwest hir
  greal y nef.

Mynych fel crwydryn blin
  a wêl balmwydden werdd
a ffynnon bêr ei rhin
  yn tincial cerdd.

A chael, o'i chyrchu hi,
  gelwydd yr anial cras,
a'r fwltur yno a'i chri
  ddi-baid, ddi-ras.

Minnau ar gwest yr Hud
  a wn fy llithio â'r gau, –
rhithiau celwyddog fyd,
  teganau brau!

Ond taeraf fyth, er ffo
  fy mherl: 'Nac wyla'n ffôl.
Tynged a'i hymlid dro
  a'i geilw'n ôl'.

Clefyd

Dacw ŵr craff llygad y geiniog
ar hirddydd haf
yn lled-symud
yn benisel a hanner breuddwydiol
o fryn i foncyn, o foncyn i gors
heibio i'r defaid syn.

Â'i erfyn brathog, crafai dywarchen
o'r migwyn yma ac acw,
gan drwyno hud y ffortiwn
a guddiodd y canrifoedd yng nghrombil daear
i'r sawl a fentro.

Â meini brau cramen y creigiau
cododd dair rhes o anheddau brysiog
ar fin ffordd leidiog gudd
wrth odre'r mynydd,
heb feddwl na malio cloddio cwterydd
i gludo'r budreddi beichiog o afiechydon
a arllwysid mor gyson â'r dydd
o goluddion chwarelwyr a'u gwragedd a'u plant
i fwcedi tyllog
drewllyd
a rhydlyd.

Dan hud y ffortiwn
plannodd fagwrfa y Clefyd Creulon
i wawdio anadl moesol iach y mynydd.

Yno, denodd ŵyr ifanc cyhyrog
a morynion aeddfed llechweddau Meirionnydd
i fagu a meithrin ffrwyth eu gorfoledd,
a llunio cartrefi o'r cytiau moch
yn gaer i'r doniau da.

Daeth golau'r gannwyll frwyn i siglo'r cysgodion
wrth losgi'n gyflym yn ei soced,
ac ysig besychu di-daw
rhyw gorffyn fel hen deiar a wisgwyd allan,
yn colli ei weddill gwaed
o boeryn i boeryn yn boenus
mewn tlodi gorlwythog o bryder ac eisiau,
ar hyd nosau
di-dân,
di-gysur
a di-wawr.

Dacw'r trigolion gwasaidd
dan orfod ymorol am erw
i gladdu eu meirw'n ddefodol.

Onid gŵr gwancus llygad y geiniog
bellach
oedd berchen pob llathen o'r ardal?

Ffrwyth anaeddfed ei hynawsedd miniog
a'i rith haelioni
ydyw'r llecyn gwrthodedig o lechwedd clapiog,
lle mae'r meini igam-ogam
o ddiffyg gwrandawyr
wedi blino adrodd eu stori
ar ddiwrnod braf,
a gwisgo gwasgod o gen a mwsogl
rhag y gwynt a'r glaw
a'r eira a'r rhew.

Daw dwylo artistig y gwanwyn
i daenu gorchudd o ddrain duon o dan lês o fieri
tros y fangre ddi-raen.
Daw'r pelydrau tesog
yn eu ffrogiau symudliw i oglais miaren
gan ruddo'r mwyar
a chuddio anghofrwydd
ac esgeulustod disgynyddion na hidiant.

Saif y Llan mewn llonyddwch creulon
gan edrych yn drist ar dri o'i herthylod –
Sentars, Wesle, a Batis
yn llawn arogl llwydni,
yn dystion bloesg i'r sêl enwadol
a fu'n llosgi croen tenau y tadau.

Eto, nid oes angel a dd'wed
sawl dolur enaid a briw calon
a dynerwyd yno gan yr eli dwyfol
a gyffuriwyd yng ngolau niwlog y gannwyll ar nos Sadyrnau
gan weision,
er minioced eu tâl a llymder eu tlodi
na chwenychasant erioed fynd ar streic.

Pan gaeodd amrannau gwancus
gŵr llygad y geiniog
diffoddodd ffwrneisiau bara prin yr ardal.

O un i un, peidiodd y cynion didostur
agor y briwiau caredig ym mynwes y graig.
a'r graig a gafodd lonydd
tra'r min a'r rhwd
yn bwyta'r gêr i'r byw
a'u troi yn ystlumod llonydd
i ddisgwyl codi ac ehedeg trwy'r tyllau
a dorrai y gwynt a'r glaw yn y to.

Yn lle curo stacato'r morthwylion
a rhemp y stampiau a'r beltiau,
daeth hafau yno i lunio telynau
o'r brwyn a'r eithin a'r grug;
a'r gwynt a'r awelon o'r bryniau a'r mynydd
i ochneidio a hymian
eu marwnadau i orchestion yr hen chwarelwyr,
ac ambell i fugail ar sgowt rhwng y tomennydd
yn llygadu am ddafad
a giliodd o'r golwg i fwrw ei hoen.

Bellach,
y mae'r pentref di-lun yn rhesi o deios di-baent,
ond y muriau eto yn bwrw atgofion melys a chwerw,
a'r gwŷr dan ormes segurdod
yn ymwrando, llygadu,
a chamu yma a thraw
i 'morol am lafur i'w droi yn fara,
a'r mentrus yn cefnu i'r Sowth.
Ond wele'r plant o hyd
yn swniog lawen, dibryder,
mor llon â'r ŵyn ar darren gerllaw,
ar iard garegog yr ysgol;
ac yn procio brithyllod swil
o dan gerrig llyfn a thorlan yr afon
a lifa heb newid ei chân, tua'r môr,
gan gludo ar li glytiau o'r carthion
ac ambell wely yn fyw gan chwain
ar noson ddileuad.

Mae dwsel dibartner ar gornel y pentref
yn poeri dŵr heb ei buro
o wythiennau hir a rhydlyd,
ac awel y bryniau ar hafau hirfelyn
yn rhy lesg i ymlid y drewdod o'r bwcedi boliog.

Yn wyneb y mynydd hen anedlid y mywion
a phryfetach yn wallgof gan newyn
i gnoi a bwyta ysgyfaint blasus y plantos diniwed.

Ysgytiwyd y pentref a'r ardal gan arswyd dychrynllyd
pan wisgodd yr Angau ei fantell
a dadweinio ei erfyn o glefyd heintus,
gan lusgo'n llechwraidd o annedd i annedd
ac agor y drysau heb guro
nac aros i ofyn am ganiatâd.

Ymwthiai yn feiddgar trwy'r siamberi diawyr.

Llaesai ei wefl yn wancus
yn wyneb Samariad o feddyg o'r ddinas gerllaw
a fentrodd i'w wyddfod
heb ddim ond nodwyddau brau a chyffuriau,
gan droedio'n fân ac ansicr
o annedd i annedd
bob dydd a phob nos.

Gwawdiai yr Angau ei holl ymdrechion.

Ar chwifiad ei luman anweledig
oni ddeued ei fyddinoedd yn filiynau diderfyn
o filwyr cêl o'r cwterydd gwenwynig,
a phob milwr distadl yn ufudd a dewr i air ei awdurdod.

Pan guddiodd anheddau eu llygaid bychain
o dan lenni'r calico newydd,
dihangodd ochenaid ar ôl ochenaid digyfrif,
a diffodd pob un cyn cyrraedd amlinell y mynydd.

Bob yn eilddydd yn gyson
troediai pedwar ysgwyddog tua'r llecyn digroeso,
lle yr adroddai periglor res o eiriau
diystyr, dideimlad,
i'r twr bach dewr o ffyddloniaid
'rôl gollwng yr arch i anobaith
a gwrando dawns greulon y grafel
yn chware mig ar blât yr ystyllen.

Gorlwythwyd y llecyn gwrthodedig o lechwedd
hyd frig y llwybrau llwydwelltog,
a gorfodwyd y bedd olaf
i groesawu trindod
o'r un annedd,
yr un diwrnod
a'r un awr.

Ciliodd yr hoglanciau fel haid o wenoliaid
i gysgod cynnes strydoedd y ddinas,
ac ysleifiodd y lefrod
bob yn un ac yn ddwy yn eu sgil
i warenau deniadol y ffactorïau.

Dilynodd y gwŷr ei gilydd o un i un
i orwedd ochr yn ochr
ar gyrion y llecyn gwrthodedig o lechwedd.

Nid oedd mwy yn aros o'r ffortiwn,
namyn gweddwon ysig
a hurtiwyd gan atgof parhaus
a chwantau diwala y blynyddoedd diramant.

Wele'r anheddau clytiog yn dilyn ei gilydd yn gyson
o dan forthwyl arwerthwr o Sais,
gan ddisgyn yn eiddo estroniaid ffawd y canoldir,
trigolion penwythnos a dyddiau braf,
a chlefyd arall yn bwyta
briwsion olaf iaith a diwylliant y tadau.

Dacw'r Cyngor tadol
yn llygaid doethineb a chlust cydymdeimlad
yn astud wrando cwyn yr estroniaid,
gan anfon gwŷr cyhyrog i gloddio cwterydd
i gludo carthion mwy drewllyd
trwy'r peipiau diogel
i rywle o'r golwg am byth.

Wele belydrau llachar Manweb
yn forynion parod ym mhob ystafell,
a dyfroedd iach ffynhonnau'r mynydd
mor bur â'r gwin,
yn ufudd i archiad dwseli Macalpein.

Aroglau'r peryglon oll wedi ffoi,
ac awelon rhywiog y bryniau
yn winoedd iach i ysgyfaint
dynion a defaid, ieir a chathod a chŵn.

Nid oes yno arogl mwy,
namyn arogl petrol a chosmetics hen wrach.

Cloch y Llan

Ceir diogelwch lle bu'r cord glân –
llwydni a gwe lle dôi hoen y gân.
Ni tharf yr ystlumod o'i tho.
Ni eilw i'w braint mo pobl ei bro;
mud oedd ei thafod ers misoedd maith.
Rhoes Rhyfel ar hon ei greulon graith.
Yn ei thŵr, y gloch ni thery.

Ond Ha! Dyna'i thrydar weithion o'r Tŵr,
a'r hen dinc fel murmuron y dŵr,
a'r gwe yn chwâl rhag rhuthr y gân,
a'r diog lwch rhag y cord glân:
mwyn ar ôl ei mudandod maith,
ei dyri hi, ei mydr a'i hiaith;
rhywun taer, heno a'i tery.

Rhestr eitemau'r archif nas detholwyd

Adar Bach	Cwpled
Amaethwr	Cerdd ar fydr ac odl
Amaethwr	Englyn
Beddargraff y Parchedig John Green	Cerdd ar fydr ac odl
Bili Bach	Lled-gyfieithiad o'r gân werin 'Billy Boy'
Blagur	Englyn
Bro'r Ogofeydd	Awdl
Cadw Addewid	Cerdd ar fydr ac odl
Camera	Englyn
Ci Bugail	Englyn
Craig	Awdl fer
Cyfres o Epigramau	(gan gynnwys un i Jennie Eirian)
Cywydd Coffa'r Parch Robert Beynon	Cywydd
Chwyn	Englyn (dau fersiwn)
Diold gadarn	Cerdd yn y wers rydd (anorffenedig)
Dan y Coed	Cwpled
Dydd Barn A Diwedd y Byd	Awdl (cyflwynwyd i Eisteddfod Genedlaethol 1960, Caerdydd o dan y ffugenw 'Pererin' a chael canmoliaeth gan y beirniaid, Gwenallt, S. B. Jones a Meuryn, fel yr orau yn y gystadleuaeth, eto i gyd, ataliwyd y wobr).
Dyled	Englyn (buddugol fel englyn byrfyfyr Eisteddfod Genedlaethol 1950, Caerffili)
Eisteddfod	Englyn
Er Cof am Henri Eifion Clement	Dau gwpled ac englyn
Eraill a lafuriodd	yn llyfryn 'Casgliad o Gerddi', rhif 23

Fforest	Englyn
Gaeaf	Cwpled
Gandhi	Englyn
Gethsemane	Cerdd ar fydr ac odl
Gofuned	Rhan o Bryddest 'Ceisio Gem a Chael Gwmon' (t. 104)
Gorwelion	Pryddest Eisteddfod Aberteifi 1959
Gwawr	Cerdd ar fydr ac odl
Gweithiwr Tun	Englyn
Gwennol	Cwpled
Gwreiddyn	Englyn
Gwyll	Telyneg
Gŵyll	Englyn
Hen geffyl	Dau englyn
Heulwen	Englyn penfyr
Hunllef	Englyn ac englyn penfyr
Hwyl Ymryson y Beirdd	Englyn
Hydref	Dau englyn
I D. M. a baentiodd fy nrws	yn llyfryn 'Casgliad o Gerddi', rhif 2
I Hywel yn Ugain Oed	Englyn
I Iaith Farw	Soned
I'r Oedfa Mewn Pryd	Cerdd ar fydr ac odl (gw. fersiwn gwahanol o dan y teitl 'Solomon Slow' yn *Diliau'r Dolydd* t. 54)
I'r Parchedig John Green	Englyn
Ifanc a Hen	Cywydd byr
Llanw a Thrai	Cerdd ar fydr ac odl
Llaw	Cwpled
Llyfr nodiadau yn cynnwys odliadur personol ac ymarferion cynghanedd	
Llyfryn o emynau a gyfieithodd	
Mai	Cerdd anorffenedig
Merch y Drycinoedd	Pryddest Eisteddfod Pont Tweli, Awst 1929 (Cyhoeddwyd yn 'Colofn y Ford Gron')
Neidr	Cywydd
Oen Swci	Englyn (Gw. *Diliau'r Dolydd*, t. 56)
Pen y Daith	Soned
Pwyll	Englyn

Rhois fy Serch	yn llyfryn 'Casgliad o Gerddi', rhif 1
Saer Maen	Englyn
Serch	Cerdd ar fydr ac odl
Sgwrs â Jehu	Cerdd ar fydr ac odl
	(gw. fersiwn gwahanol o dan y teitl 'Jehiw' yn *Diliau'r Dolydd* t. 50)
Storm Mai	Dau englyn
Syr O. M. Edwards	Soned
Tri aderyn:	
Y Paun, Yr Alarch, Yr Eos	Cwpledi
Tês Mihangel	yn llyfryn 'Casgliad o Gerddi', rhif 12
Tŷ Cyngor	Englyn
Unben	Englyn
Y Beibl	Englyn
Y Blanhigfa	Cywydd pedair llinell
Y Bryn Bychan	Cyfieithiad o 'The Little Hill' gan Mary Webb
Y Dyn Dau-wynebog	Englyn
Y Dyn Dwad	Englyn (sawl fersiwn)
Y Fagl	Cyfieithiad o 'The Snare' gan James Stephens
Y Fflam	Cerdd ar fydr ac odl
Y Ffon Wen	Englyn (sawl fersiwn)
Y Ffynnon	Telyneg
	(ar gyfer Eisteddfod Rhydlewis, Calan 1950). Gw. 'Ffynnon Grai', *Diliau'r Dolydd*, t. 11
Y Gwas Dioddefus	yn llyfryn 'Casgliad o Gerddi', rhif 28
Y Gwybodusion	Penillion ar ffurf englyn ond yn ddi-gynghanedd
Y Gwylain	Englyn
Y Llen	Sonedau
Y Llwydrew	Cwpled
Y Neidr	Englyn (sawl fersiwn)
Y Nos	Cerdd ar fydr ac odl
Y Pysgotwr	Cerdd ar fydr ac odl
Ym Merw Gwae	yn llyfryn 'Casgliad o Gerddi', rhif 9

Nodiadau ar gerddi'r gyfrol

Cyfeirir at y cês a'r amlenni o gerddi a drosglwyddwyd imi gan Hywel
Ceri fel 'yr archif' yn y nodiadau isod. Cynigir sylwadau ar y golygu
lle bo hynny'n briodol, gan gynnwys, e.e. lle bo amrywiadau ar yr
un gerdd yn ymddangos mewn lleoedd gwahanol; nodyn esboniadol
ar rai geiriau llai cyfarwydd (a'r esboniadau'n seiliedig ar gofnodion
Geiriadur Prifysgol Cymru); nodyn bywgraffiadol lle bo hynny'n
arwyddocaol; nodir hefyd lle bo'r gerdd eisoes wedi ymddangos yn
Diliau'r Dolydd (Eirian Davies (gol.), Gwasg Gomer, 1964).

Tud.

2   Gw. *Diliau'r Dolydd*, t. 59. Yr englyn hwn yw'r cyntaf o dri chynnig
yn yr archif.
[g]omedd: gwrthodiad, nacâd.

4   Gw. *Diliau'r Dolydd*. t. 62. Yn *Diliau'r Dolydd* newidiwyd 'Deg lanc' i
'Teg lanc', mae'n debyg ar sail yr ystyr, ond gan fod hyn yn effeithio
ar gynghanedd y llinell, cedwir at y gwreiddiol fan hyn (cf. nodyn
t. 21). Cyhoeddwyd fersiwn hefyd yn *Y Drysorfa*, Cylchgrawn Misol
y Methodistiaid Calfinaidd, Llyfrfa'r Cyfundeb: Caernarfon, Awst,
1950, t. 207. Ceir amrywiadau pellach yn yr archif. Cyfuniad o'r
amrywiadau a geir fan hyn.
adanedd: adenydd.

5   Gw. *Diliau'r Dolydd*, t. 48.

6   Yn wreiddiol, roedd y gerdd hon yn rhannu'r un teitl â cherdd arall
(nas cynhwysir yn y gyfrol hon) sef: 'Y Beddau a Wlych y Glaw'. Fe'i
cyflwynwyd i gystadleuaeth y delyneg yn Eisteddfod Genedlaethol
1943, Bangor. Y ffugenw 'Alamein' sydd yn yr archif, sef enw ar
frwydr enwog yn anialwch Gogledd Affrica ym 1942 yn ystod yr
Ail Ryfel Byd, ac er bod un ymgeisydd â'r ffugenw 'O'r Almaen'
ymhlith y 51 a gynigiodd arni, eto, mae'n amlwg o'r dyfynnu yn

Cyfansoddiadau a Beirniadaethau (1943, t. 66) mai gwaith un sy'n dwyn y ffugenw 'Blodyn Parch' yw cerdd Gwilym Ceri. Mewn ymateb i sylw yn y feirniadaeth, nodir yn yr archif y dylid newid y teitl i 'Y Beddau yn y Tywod'.

gwrymiau (lluosog gwrym): cefnen; (Saesneg: 'ridge'); cf. nodyn t. 10 lle mae'r ystyr yn wahanol.

Siroco: gwynt poeth llychlyd o'r Sahara.

7   Gw. *Diliau'r Dolydd*, t. 58.

8   Ceir amrywiadau yn yr archif sydd hefyd yn cynnig yn llinellau 2–3: 'yng ngweddwdod galarus/y Ddaear Hen'; llinell 20: 'ganolnos'; llinell 22: 'a gwenodd hithau, Ddaear, yng ngobaith llawen'.

9   **fathodau (o bathodau, lluosog bathod): darn arian, medal.**

10   Gw. *Diliau'r Dolydd*, t. 57, lle ceir yr englyn cyntaf. Noder y ceir cyfeiriad tebyg at 'gwdihŵ brig duon' yn 'Ofn' (t. 73). Yn yr archif ceir hefyd fersiwn o'r un syniad mewn Gwadodyn Byr 'Gŵyll' (sef 'ŵyll' gweler isod).

Lilith: ellyll; tylluan y nos. Dyma'r gair yn Eseia 34:14 y Beibl Hebraeg. Cyfieithir yn *Y Beibl Cymraeg Newydd* a *Beibl William Morgan* fel 'ŵyll', sef 'ellyll' neu 'dylluan y nos'.

11   Ceir yr un cwpled clo yn 'Yr Argae', gw. t. 76.

[g]wrymiau (lluosog gwrym): gwnïad, hem; cf. nodyn t. 6 lle mae'r ystyr yn wahanol.

sel: cell.

sor-hongian: crogi dros.

12   Ceir pennill ychwanegol yn y fersiwn yn yr archif sydd, mae'n debyg, yn fersiwn arall o'r trydydd pennill a geir yma.

13   Bryn heb fod nepell o bentref Penderyn yw Mynachlog y Glog. Noder mai teitl y golygydd yw hwn ac y ceir sawl fersiwn o'r gerdd hon yn yr archif, gan gynnwys un o dan y teitl 'Angof'. Gw. hefyd 'Brig yr Hwyr', *Diliau'r Dolydd*, t. 26.

Seceina: presenoldeb cynhenid (mewnfodol) Duw.

pantlawr: llawr anwastad neu geugrwm.

14 Ymddangosodd yn *Y Drysorfa,* Cylchgrawn Misol y Methodistiaid
   Calfinaidd, Llyfrfa Y Cyfundeb: Caernarfon, Awst, 1950, t. 211. Ceir
   fersiwn o dan y teitl 'Y Dewin Dŵr' yn yr archif.

   dirf (hefyd 'tirf'): ffres, ir.

15 Codwyd y llinellau hyn o gerdd hwy a welir yn yr archif o dan yr
   un teitl, 'Y Medelwr'. Mae'r gerdd honno hefyd yn cynnwys caniad
   a osodir yn y gyfrol bresennol mewn cerdd arall o dan y teitl 'Afon
   Teifi' (t. 29) ac sydd i'w gweld yn *Diliau'r Dolydd,* t. 13, o dan y
   teitl 'Y Cwrwgl' (cf. nodyn t. 29). Noder mai 'bydd yng nghadlas
   das dan do' sydd yn fersiwn yr archif o linell glo pennill 3. Ceir
   fersiwn arall eto o'r gerdd hon yn yr archif mewn llyfryn o dan y
   teitl 'Casgliad o Gerddi' a gyflwynwyd i gystadleuaeth dan nawdd
   Cyngor Celfyddydau Prydain Fawr. Yn y fersiwn hwnnw, ceir y llinell
   'ac o'r gelli golli'r gôg' fel ail linell y pennill cyntaf; ceir ynddo hefyd
   amrywiad ar bennill 3, sy'n rhedeg fel a ganlyn: 'Cyn y bling gaeaf
   groen yr haf hoenus, / a chloi'r hafod â'i luwch ôd chwyrn, / bydd ŷd
   cras a'r das dan do'.

   gwyar: gwaed.

   ogor: porthiant (anifeiliaid) dros y gaeaf.

16 Gw. *Diliau'r Dolydd,* t. 24, lle mae'r fersiwn yn dra gwahanol, a lle
   mae, e.e., 'Allt Nantcafan' yn ymddangos fel 'Baglan'. Diddorol
   yw nodi'r ffugenw yn yr archif, sef 'Nedd', sy'n awgrymu efallai i'r
   gerdd gael ei hailwampio ar gyfer cystadleuaeth mewn eisteddfod yn
   yr ardal honno. Dylid nodi felly mai Nant y Cafan ger Blaendulais
   mae'n siŵr, ac nid Cwm Alltcafan, Ceredigion, sydd yma.

   stacan: gafr o ŷd; (Saesneg: 'stack of corn').

   **nawnos olau: y nosweithiau golau a gysylltir ag adeg y
   lleuad Fedi.**

   rhodi: o 'rhodio'.

17 Gw. *Diliau'r Dolydd,* t. 23, lle rhoddir y flwyddyn 1958 mewn
   cromfachau'n dilyn y teitl. Noder mai hon oedd y flwyddyn y bu'n

rhaid i Gwilym Ceri ymddeol o'r weinidogaeth oherwydd salwch.

gofwy: ymweliad; amlygiad neilltuol o ddwyfol lid a ystyrir yn ad-daliad neu'n gosb neu bechod.

cyd: cyhyd.

reffynnwyd (o 'rheffynnu'): clymu â rhaff fach.

18   Gw. *Diliau'r Dolydd*, t. 25.

ysglyfiwr: anifail ysglyfaethus.

19   Gw. *Diliau'r Dolydd*, t. 21. Ceir hefyd ddau fersiwn arall yn yr archif. Tybir i'r thema ddeillio o gyfnod Gwilym Ceri fel gweinidog yn Llanwrtyd.

arail: gwylio, gwarchod.

digynllyfan: heb dennyn.

pennarth: pentir.

20   Gw. *Diliau'r Dolydd*, t. 58. Englyn buddugol Eisteddfod Genedlaethol 1951, Llanrwst. Roedd 276 wedi cystadlu, a'r beirniad, J. T. Jones, Porthmadog, yn gweld yr ymgais yn un 'lliwgar, byw'. Noder mai gydag 'G' y sillafwyd 'gwyn' yn wreiddiol gan y bardd. Ceir pedwar englyn ar y thema hon yn yr archif.

20   Teitl y golygydd.

21   Gw. *Diliau'r Dolydd*, t. 66, lle ceir golygiad ychydig yn wahanol; e.e., cedwir yma 'Dân mawn' yr archif, yn hytrach na 'Tân mawn', *Diliau'r Dolydd*, er mwyn parchu'r gynghanedd (cf. nodyn t. 3).

cynnoes: yr oes a fu.

rheiddiau (lluosog 'rhaidd'): pelydrau.

22   Gw. *Diliau'r Dolydd*, t. 59. Ceir nodyn yn yr archif sy'n datgan: 'englyn byrfyfyr buddugol Eisteddfod Genedlaethol 1944, Llandybïe'.

mandrelo (o 'mandrelu'): torri a thyllu â mandrel, offeryn tebyg i gaib neu bicas a ddefnyddir i dorri glo.

23 Detholiad yw hwn sydd wedi hepgor dau bennill o'r fersiwn yn yr archif. Noder y ceir cerdd arall, hwy o dan y teitl 'Y Llen' yn yr archif sy'n ymdrin â'r un themâu ac yn ailadrodd swmp o'r un deunydd.
   gnap (o 'cnap'): talp, darn, tamaid.
   dysgodron (lluosog 'dysgawdwr'): athro, hyfforddwr, doethur.
   Galàth: un o farchogion Arthur.
   podd: pa fodd.

24 **rusio (o 'rhusio'): petruso, ofni.**
   gwpláu (o cwpláu): gorffen, dibennu, perffeithio.

25 Gw. 'Ar Eira', *Diliau'r Dolydd*, t. 18.Y fersiwn a gyflwynir yma yw'r un yn yr archif lle nodir mai hi oedd y gerdd fuddugol allan o saith cystadleuydd yn Eisteddfod Pontardawe, Mai 1948. Un amrywiad amlwg rhwng y ddau fersiwn yw newid enw'r aderyn o 'cochgam' i 'bronrhuddyn'.
   bronrhuddyn: robin goch.

26 Gw. *Diliau'r Dolydd*, t. 27.

26 Gw. *Diliau'r Dolydd*, t. 67, lle mae'r llinell gyntaf yn ymddangos fel 'Geined yw ffril y lili'.

27 **tarennydd (lluosog 'tarren'): bryncyn, bryn serth.**

28 Ceir fersiwn o hon yng ngholofn 'Yr Adran Gymraeg:Y Ford Gron', o dan ofal Dyfnallt, mewn toriad papur newydd yn yr archif. Mae'n rhan o bryddest o dan y teitl 'Merch y Drycinoedd' gan 'Mordwywr'. Daeth yn fuddugol yn Eisteddfod Pont Tweli, Llandysul.
   Gw. *Diliau'r Dolydd*, t. 15.
   cares: cariadferch.
   distrych: ewyn neu drochion (berw).

29 Golygiad yw'r gerdd hon sy'n cyfuno rhan o 'Y Medelwr' o'r archif (cf. nodyn t. 15) a cherdd sy'n ymddangos o dan y teitl 'Y Cwrwgl' yn *Diliau'r Dolydd*, t. 13.
   naiad: nymff sy'n byw mewn llyn.
   ysgon: ysgafn.

31 **goty (o 'coty'): bwthyn, tyddyn.**
disglain: disglair.

32 Detholiad yw'r gerdd hon allan o 15 o sonedau a geir yn yr archif.
Lleoliad y gerdd yw Sant Agathaschmiede, Hallstättersee, Awstria.
Fe'i cyflwynwyd o dan y ffugenw 'Irfon' i Eisteddfod Is-genedlaethol
Abertawe a gynhaliwyd yn y 'Patti Pavilion', 8 Hydref 1958.
Y beirniad oedd Wil Ifan. Noder yr amrywiad yn yr ail soned,
lle mae'r cwpled clo yn ddiacen.
gyniweirfa (o 'cyniweirfa'): cyrchle; cynefin.
aelgerth: ymyl, llethr.
minion: (lluosog 'min').
huddo: cuddio; gorchuddio.

34 Mae'r gerdd hon ar ei hyd yn nhafodiaith De Ceredigion, sef iaith
magwraeth Gwilym Ceri. Ynddi cyfnewidir drwyddi draw 'y' ac 'u'
y sillafiadau safonol ag 'i', e.e 'sichi' am 'sychu'.
shach-ni: serch hynny.
dŵel: tywel.
debigswn: mi dybiwn i.
bleins: llenni.
drichid: edrych.
wnedu: wynebu.
ar y start: yn wreiddiol.
a thrwcwn i (o 'trwco'): cyfnewid.
wetsoch: ddywedoch.
wel wirione: ar fy llw.
minidde: mynyddoedd.
lwfer: 'twll y mwg' neu'r 'simne fawr' (o'r math lle roedd
modd eistedd i bob pwrpas yn y simne). Gwelir yr un gair
mewn pennill gan T. Llew Jones, yng nghystadleuaeth 'Penillion
Gwreiddiol' i Eisteddfod Genedlaethol 1951, Llanrwst: 'Oedi'n
hwyr o dan y lwfer, / methu cysgu gan fy nwysder; gwylio Gwas
y Gannwyll druan, yn cofleidio'r golau egwan.' Er bod nifer
o'r penillion hyn yn *Sŵn y Malu* (T. Llew Jones, Gomer, 1967,
t. 92) o dan y teitl 'Hen Benillion' hepgorwyd y pennill yma.
Gw. *Cyfansoddiadau a Beirniadaethau*, 1951, t. 19.

37 Detholiad tri chaniad (9, 13 ac 14) allan o Rieingerdd arobryn
    Eisteddfod Genedlaethol 1954, Ystradgynlais. Dyfnallt oedd y
    beirniad, a ffugenw Gwilym Ceri oedd 'Gold y Gors'. Diddorol yw
    nodi bod yr un gerdd wedi ei chyflwyno i gystadleuaeth y Bryddest
    yn yr un flwyddyn o dan y ffugenw 'Grug Gwyn'. Y beirniaid oedd
    Pennar Davies, Alun Llewelyn Williams a Simon B. Jones, gyda'r olaf
    yn canmol y 'dinc delynegol' yn y penillion a welir yn y caniad cyntaf
    a ddyfynnir yma. E. Llwyd Williams a enillodd y Goron.
    cwrddyd: cyfarfod.
    tariaf: arhosaf; oedaf; cf. nodyn t. 42.
    cotai (lluosog 'coty'): bwthyn, tyddyn (cf. nodyn t.31).

40 Cyfeirir yma at allt ar dir fferm y Poweliaid (ffrindiau i deulu'r
    bardd) a'r fferm sy'n edrych i lawr ar Bronant – cartref Hannah,
    chwaer Gwilym Ceri.

41 Mae'r disgrifiad 'telyneg' wedi ei nodi yn yr archif. Tybed ai at
    Ymryson neu Dalwrn y'i lluniwyd? Gw. hefyd *Diliau'r Dolydd*, t. 46,
    lle ceir soned o dan yr un teitl gyda rhai o'r un cyffyrddiadau.
    sticil: camfa.

42 **mae'n tario: mae'n aros; mae'n preswylio; cf. nodyn t. 37.**
    wyd: ffurf ar 'wyt' (ail berson unigol presennol 'bod').

43 Mae'r fersiwn hwn yn un o dair ymgais yn yr archif ar yr un testun.
    Tybed ai cystadleuaeth yr englyn yn Eisteddfod Genedlaethol 1943,
    Bangor, a sbardunodd yr ymdrechion? Roedd 237 wedi mentro arni
    ac englyn enwog J. T. Jones yn dod i'r brig, a'r llinell glo gofiadwy:
    'rhodio, lle gynt y rhedwn!' (*Cyfansoddiadau a Beirniadaethau* 1943,
    t. 62).
    dyno: dyffryn/patshyn glas.

44 Gw. *Diliau'r Dolydd*, t. 36.
    gofer: ffrwd.
    Deganwy: emyn dôn Benjamin Williams (1839–1918).

45 Gw. *Diliau'r Dolydd*, t. 37.

phylacterau: pâr o flychau sy'n cynnwys darnau o'r ysgrythur Hebraeg, ond sydd, fel y mae Geiriadur Prifysgol Cymru'n esbonio, wedi dod yn symbol o 'gadwraeth ragrithiol defodau crefyddol'.

46 Rhan o waith llawer hwy yw'r cerddi ar y dudalen hon. Mae dau fersiwn o'r un syniad yn yr archif, y naill o dan y teitl 'Emaus' a'r llall 'Y Ffordd'. Cyflwynwyd 'Y Ffordd' i Eisteddfod Genedlaethol 1953, Y Rhyl a'r Cylch, o dan y ffugenw 'Cleopas' ac yn ôl y tri beirniad, Thomas Parry, William Morris a Gwilym R. Tilsley, roedd ymhlith y ddwy awdl orau. Ymddengys mai golygiad ar fersiwn 'Emaus' a welir yn *Diliau'r Dolydd*, tt. 69–75. Dewis y golygydd presennol yw'r isdeitlau.

lucheden (o 'llucheden'): mellten.

nudden: niwlen; caddug.

hell: ffurf fenywaidd 'hyll'.

47 Gw. *Diliau'r Dolydd*, t. 49 lle ceir golygiad ychydig yn wahanol.

Iter Persicum: Siwrnai ym Mhersia. Dyma teitl ar deithlyfr enwog sy'n disgrifio taith ym Mhersia yn y flwyddyn 1602 gan Étienne Kakasch de Zalonkemeny, llysgennad i Rwdolff yr Ail, yr Ymerawdwr Sanctaidd Rhufeinig.

Ispahan: Isfahan yw'r drydedd ddinas fwyaf yn Iran, sef Persia gynt. Mae'n dal i fod yn ddinas o bwys hyd yn oed heddiw, ond roedd yn ei hanterth rhwng y 9fed a'r 18fed ganrif. Mae'n ddinas nodedig am bensaerniaeth Bersiaidd-Islamaidd ei hadeiladau, ac am ei heolydd llydain, ei phontydd mawreddog, ei phlasdai gogoneddus, a'i haddoldai Islamaidd.

Rustem: arwr chwedlonol ym mytholeg Persia; Rudabeh: mab i dywysoges hardd, ddeallus. Anfarwolwyd y ddau yn y *Shanameh* (Arwrgerdd y Brenhinoedd) gan y bardd Persiaidd, Abdul-Qâsem Ferdowsi, yn y 10fed ganrif, er bod sôn amdanynt lawer iawn o flynyddoedd cyn hynny.

48 Detholiad o bryddest a gyflwynwyd o dan y ffugenw 'Hasan' i Eisteddfod Gadeiriol Central Hall, Llundain, 15 Tachwedd 1934.

Y beirniad oedd Dyfnallt a rhoddodd ganmoliaeth hael iawn i'r gerdd ac i'r gystadleuaeth.

Rangwn: Yangon, sef prifddinas Myanmar heddiw (Burma gynt).

Ceylon: Sri Lanka heddiw.

Ninife: Dinas fawreddog yr Asiriaid ym Mesopotamia hynafol (ardal Mosul yn yr Irac fodern).

Hwang Ho: Afon Felen Tseina.

Benares: Varanasi heddiw; dinas fawr yng Ngogledd India yn nhalaith Uttar Pradesh.

pylgain: plygain.

50 Gw. *Diliau'r Dolydd*. t. 58. Mae nodyn yn yr archif yn datgan 'Buddugol yn Eisteddfod Rhydlewis, Calan 1944'.

51 Gw. *Diliau'r Dolydd*, t. 51.

52 Gw. *Diliau'r Dolydd*, tt. 52–53.

54 Gw. *Diliau'r Dolydd*, t. 56.
    pre-ffab (priffáb): math o adeilad a godwyd yn benodol wedi'r Ail Ryfel Byd ac a wnaed o ddarnau parod, 'pre-fabricated'.

55 O doriad papur yn yr archif a'r dyddiad '10.3.44' o dan yr enw G. Ceri Jones, Port Talbot.
    cymyl: cymylau.

56 **Crwshoff** yw Nikitai Khrushchev, arweinydd yr Undeb Sofietaidd o ganol yr 1950au i ganol yr 1960au. **Kant** yw Immanuel Kant, yr Almaenwr ac un o athronwyr mawr y 18fed ganrif. Cyfeirir yma at waith pwysig Kant ar berthynas y ddynoliaeth ag amser.
    awrlais: cloc; oriawr.

59 Gw. *Diliau'r Dolydd*, t. 60. Y ffugenw yn yr archif o dan yr englyn hwn yw 'Treio'r test'.

60 Enwau ar rai o frandiau petrol adnabyddus y cyfnod yw 'Shell', 'Esso Extra' ac '[Esso] Golden'.

64   Gw. *Diliau'r Dolydd*, t. 60.
      suddlong: llong danfor.

65   Gw. ysgrif Cynog Dafis yn *O'r Pedwar Gwynt*, 25.07.2019,
      https://pedwargwynt.cymru/cyfansoddi/y-propagandist

66   Cyfeirir at y cyrch bomio gan yr RAF rhwng mis Mawrth a mis
      Gorffennaf 1943 ar ddyffryn afon Ruhr, ardal boblog yn Nordrhein–
      Westfalen, yr Almaen, yn ystod yr Ail Ryfel Byd. Yn yr archif
      croeswyd 'deifwynt' a chynnig 'mellten' yn ei le yn y llinell glo.

67   Gw. *Diliau'r Dolydd*, t. 68. Teitl y golygydd ar y cwpled yw 'Dialedd'.
      Gan gyfeirio at yr englyn, mae nodyn wedi ei deipio yn yr archif yn
      esbonio: 'Gwneuthum yr uchod o flaen y Dos. Cymraeg nos Wener,
      Ionawr 16, 53, a hynny ar gyfer Eisteddfod Treorci. Yr un dydd, ond
      ar ôl te yn y prynhawn, cyfansoddais yr englyn isod i'r 'Fforest', ar
      gyfer Steddfod y Crai'. Gw. 'Fforest', t. 79. Mewn man arall yn yr
      archif, ceir dau fersiwn arall ar englyn 'Y Graith' gyda'i gilydd:

          O'i chael drwy ymrafaelio, – ery'i hôl
              wedi i'r helynt gilio,
          rhith eich hedd wrth ei chuddio
          daw'ch camp o'i chodi o'ch co'.
      ac
          O'i chael wrth ymrafaelio – ery'r ôl
              ar y rudd i'th flino,
          ni chei heddwch o'i chuddio;
          ei â'r graith arnat i'r gro.

68   Mae'r gerdd yn cofio am y carcharor rhyfel o'r Eidal y cyfarfu
      Gwilym Ceri ag ef yn y gwersyll ger Pont Henllan. Mewn llythyr at
      fab y bardd, mae T. Llew Jones yn ei chanmol fel 'un o'r rhai tlysaf
      yn yr iaith Gymraeg'. Daeth yn fuddugol yn Eisteddfod Rhydlewis,
      Calan 1944.

69   Gw. *Diliau'r Dolydd*, t. 19. Lluniwyd hon pan oedd yn eistedd yng
      ngardd Cartref Nyrsio Highbury, Castell-nedd, tra oedd ei wraig yn
      y Cartref yn geni eu mab, Hywel. Daeth yn fuddugol yn Eisteddfod
      Genedlaethol 1937, Machynlleth.

70   Pennill 4, llinell 2, cynigir mewn pensil yn yr archif: 'mewn bedd lle'i
      dodais hi'.
      toster: llymder; gerwinedd.
      hadanedd: cf. nodyn t. 3.
      balf (o 'palf'): pawen; cf. nodyn t. 73.
      tariais: cf. nodyn t. 37 a t. 42.

72   Detholiad o Awdl a gyflwynwyd i Eisteddfod Genedlaethol 1957,
      Môn, o dan y ffugenw 'Hywel'. Gwêl Thomas Parry ynddi 'lawer
      o ddawn gynganeddu a disgrifio', ond Gwilym R. Tilsley sy'n
      cipio'r Gadair am ei awdl 'Cwm Carnedd'. Ceir nodyn yn yr archif
      yn esbonio 'A gyfansoddwyd ar ôl darllen *Tarca* [sic] *the Otter*
      (Williamson) ac ysgrifau Ernest Thomson Seton ac Emil Liers'.
      rhysedd: ymosodiad; rhyfelgyrch.
      cynydd: heliwr; hwsmon.
      dygnuo (dygnu; dygno): poenydio; cythruddo.

73   Dyma ddetholiad o ganiad I, IV a V o un o awdlau cynharaf Gwilym
      Ceri, Gwilym Ceri, a noder y rhaniad 6+4 anarferol yn llinell gyntaf
      y trydydd englyn. Mae dyfyniad o *Midsummer Night's Dream*,
      Shakespeare (Act 5, Golygfa 1) yn rhagflaenu'r gerdd: 'Such tricks
      hath strong imagination, / That if it would but apprehend some joy/
      It comprehends some bringer of that joy; / Or in the night, imagining
      some fear, /How easy is a bush supposed a bear'. Noder mai 'Ofn'
      oedd testun yr awdl yn Eisteddfod Genedlaethol 1944, Llandybïe,
      ac er nad oes arwydd cadarn iddi gael ei chyflwyno i'r gystadleuaeth
      hon, tybed ai dyma oedd y sbardun i'w chyfansoddi? Ceir cyfeiriad
      tebyg at 'awr gwdihŵ brigau duon' yn 'Diwedydd' t. 10.
      Lilith: cf. nodyn t. 10.
      balfau (lluosog 'palf'): pawennau; cf. nodyn t. 70.
      foryn (o 'moryn'): ton nerthol yn torri ar lan y môr.
      haddef: annedd; trigfan.

131

75 Detholiad o awdl fuddugol Eisteddfod Genedlaethol 1955, Pwllheli. Y beirniaid oedd D. J. Davies, William Morris a Thomas Parry a ffugenw Gwilym Ceri, y bardd buddugol, oedd 'Maes y Briallu'. Mae D. J. Davies yn clodfori'r gwaith i'r entrychion, gan ddweud ei bod hi'n gerdd 'odidog ymhob rhyw fodd'. Nid yw Thomas Parry mor ganmoliaethus. Mae yntau'n crynhoi ei sylwadau gan ddweud y dylid rhoi'r gadair i'r bardd am iddo 'ddangos ei hun yn ddiwyd ac yn fedrus fel egwyddorwas'. Mae ychydig yn garedicach yn ei sylwadau wrth ddyfynnu'r ail bennill a welir yn y detholiad hwn fel un sy'n dangos canu 'awenyddol' y bardd.

Cyfeiriad yw 'cŵn Odin' at Geri a Freki, sef y ddau gi, neu ddau flaidd, a oedd gan Odin, un o dduwiau mytholeg Norseg. Daw enwau'r creaduriaid o eiriau Norseg am 'gwancus' neu 'rheibus'.

ddihirwch (o 'dihirwch'): anfadrwydd.

y trichan Brython: cyfeiriad at y tri chan gŵr a aeth i Gatraeth ac a anfarwolwyd yng nghanu Aneirin.

76 Detholiad o awdl a gyflwynwyd i gystadleuaeth Eisteddfod Genedlaethol 1954, Ystradgynlais, ar y teitl 'Yr Argae' o dan y ffugenw 'Naboth'. Enillydd y Gadair y flwyddyn honno oedd John Evans. Diddorol yw nodi nad 'Naboth' yw'r ffugenw sydd ar y deipysgrif yn yr archif, ond 'Craig-y-nos'. Mae cerdd hefyd o'r enw 'Yr Hen Ŵr o Bencader' yn yr archif sy'n sefyll ar ei phen ei hunan ac sy'n ddetholiad o ganiad ar ddechrau awdl 'Yr Argae'. Sylwer hefyd ar y cwpled 'Ys cry'r sawl y swcro'r sêr/Ei ffydd fel nas diffodder' a ddefnyddir yma ac a welir hefyd yn 'Y Byd Sy' Ohoni' t. 11.

Yn yr archif, gwelir y geiriau hyn yn rhagarwain y gerdd:
Ar y 27 o Fedi, 1952, dadorchuddiwyd Maen Pencader. Geiriau hen Gymro wrth Harri II frenin Lloegr, ym Mhencader yn 1163, sydd wedi eu cerfio arni. Cynlluniwyd y maen gan Mr. R. L. Gapper, Coleg y Brifysgol, Aberystwyth.

Dyma ran o broffwydoliaeth yr Hen Ŵr o Bencader:
"Ac nid unrhyw genedl arall, fel y barnaf i, amgen na hon o'r Cymry, nac unrhyw iaith arall, ar Ddydd y Farn dostlem gerbron y Barnwr Goruchaf, pa beth bynnag a ddigwyddo i'r gweddill mwyaf ohoni, a fydd yn ateb dros y gongl fach hon o'r ddaear".

Mae maes awyr Blaenannerch yn rhan o ddatblygiad milwrol yn ardal Aber-porth, Ceredigion.

79 Cyflwynwyd yr englyn hwn o dan y ffugenw 'John Bull'. Gweler nodyn t. 67 ar 'Craith'.

80 Mae hon yn ymddangos yn yr archif ar yr un dudalen â soned i O. M. Edwards.

81 Gan na fu Gwilym Ceri'n byw yn y Gororau, tybed ai trosiad sydd yma o'r ffin rhwng y Fro Gymraeg a'r Gymru Ddiwydiannol?

82 Detholiad yw hwn o gerdd bedwar pennill yn yr archif o dan yr un teitl.

83 Detholiad a golygiad o bryddest fuddugol Eisteddfod Gadeirol Central Hall, Llundain, Tachwedd 16, 1933. Y teitl oedd 'Geneva', y beirniad oedd Wil Ifan a ffugenw Gwilym Ceri oedd 'Pax'. Y geiriau agoriadol gwreiddiol yw: 'Ti Ddinas Hedd!'.
Tubal Cain: cf. Twbal-Cain, Genesis, pennod 4, adnod 22. Caiff ei adnabod fel y gof cyntaf.

86 Detholiad o awdl fuddugol ar y testun 'Yr Ynys' a gyflwynwyd i Eisteddfod Tref Aberteifi, Mai 1959, o dan y ffugenw 'Heilyn Fab Gwyn' (sef Heilyn fab Gwyn Hen, un o'r saith marchog a ddaeth â phen Benigeidfran i Gwales yn ail gainc y Mabinogi). Y beirniad oedd Gwilym R. Tilsley, ac fel y mae Hywel Ceri Jones yn ei nodi yn ei ysgrif, enillodd Gwilym Ceri'r gadair, y goron, y delyneg, yr englyn a'r stori fer yn yr eisteddfod hon. Mae'r deipysgrif yn yr archif yn cynnwys y geiriau hyn o esboniad fel rhagymadrodd i'r awdl:
I *Ynys yr Adar* neu Grassholm neu *Gwales* y canwyd yr awdl hon. Seilir y rhan fwyaf ohoni ar Ail Gainc y Mabinogi.
'Gresse Holme is a good way in to the se and is but smaulle and without habitation'. Leland, 1506, *Itinerary in Wales*.
'… ffarre of in the sea standeth the Iland Gresholme, so called of Mr. Saxton, but of the neighbours – Walleyes: the 'Gwales' in Penvro of the Mabinogion.'

George Owen, 1552-1613, *Description of Pembrokeshire.*
chern (o 'cern'): llethr.
tryferw: berw iawn.
diriniwyd: berf gwneud o di+rhin+io

89   Detholiad o awdl a gyflwynwyd o dan y ffugenw 'Edau Lin' i
      Eisteddfod Genedlaethol 1961, Dyffryn Maelor. Meuryn, Gwilym
      R. Tilsley a J. G. Williams oedd y beirniaid. Rhoddwyd dewis testun,
      'Icarws' neu 'Awdl Foliant i Gymru'. Emrys Edwards a fu'n fuddugol
      ar awdl i'r ail destun.

90   Mae'r is-deitl yn cyfeirio at gwpled o'r ail adran yn nhrydydd
      caniad awdl fuddugol Meuryn, sef R. J. Rowlands, yn Eisteddfod
      Genedlaethol 1921, Caernarfon. Y testun oedd 'Min y Môr'.
      glyngar: caru + glynu; yn hoff o lynu (wrtho).

93   Gw. *Diliau'r Dolydd*, t. 17. Hepgorwyd y pennill olaf.
      cathl: cân; cerdd.
      od: os.

94   Detholiad o bryddest fuddugol Eisteddfod Gadeiriol Aberhonddu,
      25 Mehefin 1932 ar y testun 'A'r môr nid oedd mwyach', sef adnod
      1, pennod 21, llyfr y Datguddiad. Cyflwynwyd y gerdd o dan y
      ffugenw 'Miletus' a'r beirniad oedd Gwili. Ceir detholiad o'r un
      gerdd o dan y teitl 'Y Môr' yn *Diliau'r Dolydd* (t.14) ac yn y gerdd
      sy'n ymddangos o dan y teitl 'Fôr Diorffwys' yn y gyfrol hon (t. 98).
      Noder bod adran o'r gerdd hon hefyd i'w gweld yn yr archif ar
      ddechrau cerdd o dan y teitl 'Diod Gadarn'. Mae cyfeiriad at yr un
      ddelwedd yn 'Dau Lais' (t. 90) hefyd.
           Cyfeiria'r ffugenw, 'Miletus' at ddinas bwysig yn yr Hen Fyd,
      a leolir heddiw yn Nhwrci – ond a fu ar adegau gwahanol o dan
      reolaeth y Groegiaid, y Persiaid a'r Rhufeiniaid. Holl sail llewyrch y
      lle, fodd bynnag, oedd y porthladd, ond pan edwinodd y dyfroedd,
      ac enciliodd y môr, dechreuodd proses o ddirywiad a chollodd
      Miletus ei hurddas a'i statws blaenorol.
           Effesus oedd un o ddinasoedd mwyaf a phwysicaf Asia Leiaf.
      Lleolir Effesus, fel Miletus, yn Nhwrci erbyn hyn, lle y gelwir hi

yn Selçuk, ac mae'n rhannu rhywfaint o'r un cefndir â Miletus o safbwynt y rheolwyr dinesig dros y canrifoedd. Un o nodweddion blaenllaw Effesus yw'r llu o henebion byd-enwog sydd wedi eu creu o farmor gwyn e.e. y theatr, y llyfrgell a sawl adeilad hanesyddol arall.

"Sŵn y boen sy'n y byd": dyfyniad o drydydd pennill yr emyn adnabyddus sy'n dechrau gyda'r geiriau 'Braint, braint' lle mae'r pennill cyntaf gan John Roberts a'r ail a'r trydydd o *Grawn-syppiau Canaan* (gw. *Caneuon Ffydd*, Pwyllgor y Llyfr Emynau Cydenwadol, Llandysul, 2001, tt. 8–9).

98 Gw. *Diliau'r Dolydd*, t. 14, lle golygwyd y pennill cyntaf i 'Fôr diorffwys, dywed imi/Pa ofid sy'n dy fron?' Gw. hefyd nodyn t. 94 ar y gerdd 'Alltud'.
cymhelri: cyffro, cynnwrf, brwydr.
rhwth: helaeth.

100 **odfa: oedfa.**

101 Detholiad yw hwn o gerdd a gyflwynwyd i Eisteddfod Nos Calan 1950, Neuadd YMCA, Rhydlewis, o dan y ffugenw 'Llef'. Cf. 'Dinas' yn *Diliau'r Dolydd*, tt. 44–45, lle mae rhai llinellau'n gorgyffwrdd, ond lle mae nifer o'r llinellau hefyd yn wahanol iawn. Rhagflaenir y testun yn yr archif â'r dyfyniad: '… ac aeth yn drigfa cythreuliaid, ac yn gadwriaeth [sic] pob ysbryd aflan, ac yn gadwriaeth [sic] pob aderyn aflan ac atgas,' ac yna, wedi ei ychwanegu â llaw mewn pensil, ceir 'Llyfr y Datguddiad'. Daw'r dyfyniad o ail adnod, pennod 18, Llyfr y Datguddiad, sy'n sôn am gwymp dinas fasnachol, foethus ond bechadurus Babilon.

102 Cyfeiriad at linell o awdl Goronwy Owen 'Y Farn Fawr' yw 'i'r "fall a gydfydd a'i gallawr"'. Y dyfyniad gwreiddiol yw 'Cydfydd y Fall a'i gallawr' (Goronwy Owen, *Gwaith Goronwy Owen*, J. Foulkes, Lerpwl, 1896, t. 42).
rhusiai (o 'rhusio'): dychryn; cf. nodyn t. 24.

103 Teitl y golygydd. Gw. *Diliau'r Dolydd*, t. 68 lle ceir y cwpled cyntaf a'r olaf.

104　Mae'r gerdd hon yn ddetholiad o waith a gyflwynwyd o dan y ffugenw 'Y Prydydd Prudd' i gystadleuaeth Pryddest Gadeiriol Eisteddfod y De, Treorci, 1944. Y beirniad oedd y Parch. Robert Beynon. Cf. 'Chwilio gem a chael gwmon' o 'Cywydd y Maen Gwerthfawr' Goronwy Owen.

gwmon: gwymon.

106　**migwyn: math o fwsogl o'r tylwyth *Sphagnum* sy'n tyfu ar gorsydd a mannau gwlyb.**

111　**mywion: morgrug.**

113　**ffactorïau (lluosg ffactori): ffa(c)trïau/ ffa(c)trïoedd.**

114　**MANWEB: talfyriad am y Merseyside And North Wales Electricity Board.** Yn ei ddydd, hwn oedd un o'r prif ddarparyddion trydan i Ogledd Cymru a Glannau Merswy. **Macalpein: Cwmni peirianwyr sifil Alfred McAlpine.**

115　Mewn toriad papur newydd yn yr archif nodir enw'r bardd fel 'G. Ceri Jones, Port Talbot'.

Lloffion

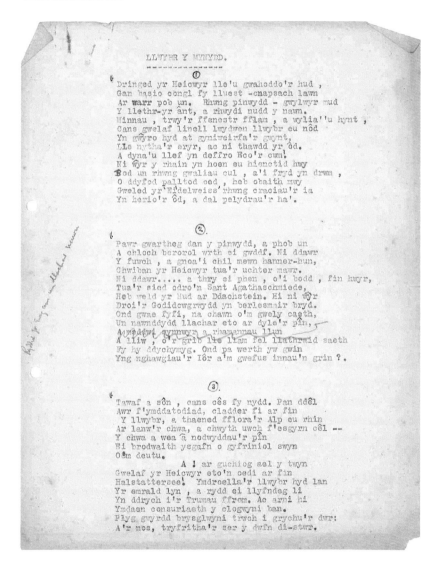

Teipysgrif yn dangos dechrau'r bryddest 'Llwybr y Mynydd' a enillodd gadair Eisteddfod Abertawe i Gwilym Ceri ym 1932. Y beirniad oedd Wil Ifan.

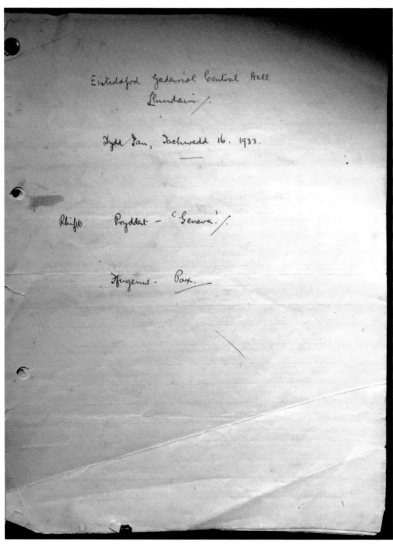

Rhan o bryddest fuddugol Eisteddfod Gadeiriol Llundain, 1933,
ar y testun 'Geneva'. Y beirniad oedd Wil Ifan.

ij.

Ti Ddwías Hedd! a'r Rhône fel arian saeth
Bwyddbyw'n gwanu dy arleisiau tên
I'th adael ioo'n rhwygg dy ddwyfron brýth
Er pan roes y Rhufeiniwr gynt y main
I'th sail, ym mala'r llyn. O fwa cudd
Y dwfn y ffoes y saeth, ar drywydd serch,
I'th harddu'n fwy, fel mynwes merch, ar aur
Ei llw, a'r Euraid Ddart ynghlâdd o'i mewn.
Gwyli dy lun yn noyth dy ddyffulas llyn
Yng ngwyrofyd morwyn, pan ddanghosa'r gwydr
~~Ddwd~~ ddidorogroydd ei hwyneproydd hi.
O'th amgylch, naddodd yr Anfeidrol faw
Gerrydd tragywydd it. Ywrodlyd villī
Oedd uthraf tyrau Rhufain wrthynt hwy;
Caus daeth lleng Amser gydau gyrdd, eu ffyrt,
A'u hultgyon pres, eithr erys truman hy
Er eu fenwyrwi. Gwyfi'aduwiaeth serch
Y rhain a rydd it' hedd er eyffro'r byd,
A'th qusan a roi iddynt oboy'n nwfn
Llyn Leman.
              Gwelais tikau, gynt, o'th lethr,
Lumanwyr beilch, ar flaen eu blysig leng
Yn oyrchu tua'th byth; a Dreigiau lau
A chrafanc rwth, yn rheibio hedd dy Gaer.

Tri chanmur gynt, o wyr Savoy
    A roes eu herw i'th fur
A'th noddai i'n hir rhag ystoys traws
    A rhuthr y gleifiau dur.

Tri chanmur a'r ysgolion ffroff,
    Ni ddorent ddost na maen
A Duc Savoy — eu blysig lyw —
    A'u harchent hwy ymlaen.

Cadair Eisteddfod Gadeiriol Llundain, 1934.

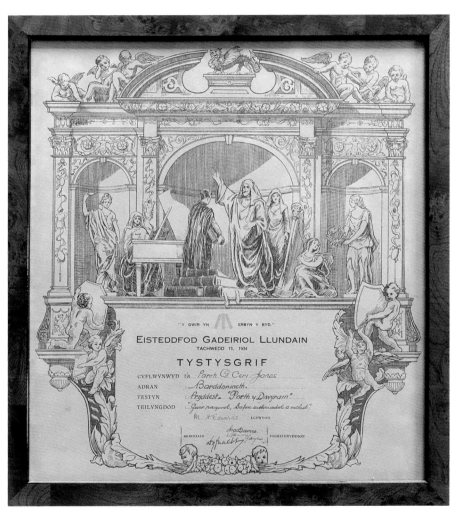

Tystysgrif Eisteddfod Gadeiriol Llundain, 15 Tachwedd 1934.

Priodas Gwilym Ceri a Mary Symmons, 1934.

Hywel Ceri, mab Gwilym Ceri, ym mreichiau un o'r nyrsys yn
Highbury Nursery Home yng Nghastell Nedd, 22 Ebrill 1937.

Gwilym Ceri a'i fab, Hywel Ceri, yng ngardd eu cartref ym Mhort Talbot.

```
              Y  BERLLAN
              ==========

         Yn ol dros gulfor perl Mesina,
           Hyfryd dychwelyd wedi'r drin:
         Daw Gwanwyn gwlithog eto i Gatania,
           I lasu'r berllan grin.

         Os gwelais lafur f'oes yn fflamio,
           A'r mwg yn toi'r colfenni crwm,
         Rhydd Mair Fendigaid ei thiriondeb eto,
           Ar bridd fy lleindir llwm.

         Daw,eilchwyl, drydar adar iddi.
           Tyf sawrus goed i rwydo'r haf.
         A lle bu baedd y coed yn tyrchu, tyrchu,
           Ceir cynaeafau braf.

         Caf drin fy mil glystyrau gemog,
           A hithau,f'annwyl, gyda mi,
         A thes y berllan yn ei heurwallt cyrliog,
           Ac ar ei modrwy  hi.



         (Buddugol yn Rhydlewis Calan 1944).
```

Teipysgrif o'r delyneg y cyfeiria T. Llew Jones ati fel 'un o'r telynegion hyfrytaf yn yr iaith Gymraeg'. Fel y gwelir, daeth yn fuddugol yn Eisteddfod Calan Rhydlewis, 1944.

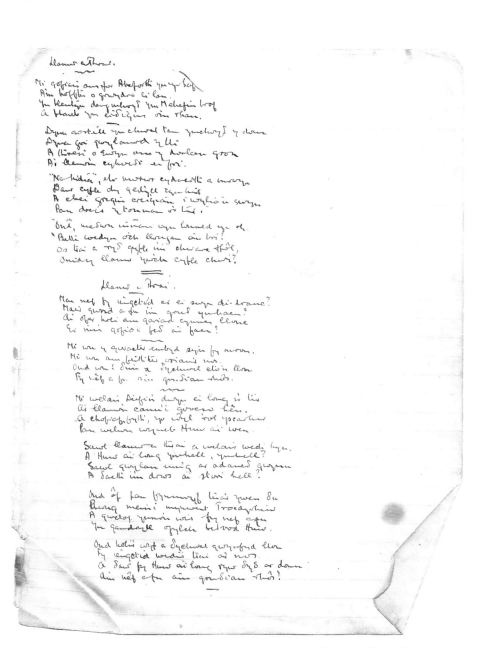

'Llanw a Thrai' yn dangos enghraifft o lawysgrifen Gwilym Ceri.

145

Cadeirio Gwilym Ceri yn Eisteddfod Genedlaethol 1955, Pwllheli.

Gwilym Ceri ar faes yr Eisteddfod.

Cadair yr Eisteddfod Genedlaethol, 1955.

Gwilym Ceri yn eistedd yn ei Gadair.

Gwilym Ceri yn garddio yn Llanwrtyd.

Hywel Ceri, mab Gwilym Ceri, ar y 'Lôn Goed', Rhydlewis, ar y ffordd i gapel Twr-gwyn ac i ffermdy Gwernddafydd.

'Goleuni'r Gogledd'; darluniwyd y gerdd gan Gwenllian Grigg yn 2012.